ThetaHealing®
Encontre Sua
Alma Gêmea

Vianna Stibal

Organizado por Guy Stibal, a partir da fala de Vianna Stibal

ThetaHealing®
Encontre Sua Alma Gêmea

Tradução:
André Dias Siqueira e Gustavo Barros

MADRAS®

Publicado originalmente em inglês sob o título *Finding Your Soul Mate with ThetaHealing®*, por Hay House Inc.
© 2016, Vianna Stibal.
Direitos de edição e tradução para todos os países de língua portuguesa.
Tradução autorizada do inglês.
© 2022, Madras Editora Ltda.

Editor:
Wagner Veneziani Costa *(in memoriam)*

Produção e Capa:
Equipe Técnica Madras

Tradução:
André Dias Siqueira e Gustavo Barros

Revisão:
Ana Paula Luccisano
Maria Cristina Scomparini

Dados Internacionais de Catalogação na Publicação (CIP)(Câmara Brasileira do Livro, SP, Brasil)

Stibal, Vianna
ThetaHealing® : encontre sua alma gêmea/Vianna Stibal; organizado por Guy Stibal; tradução André Dias Siqueira e Gustavo Barros. – São Paulo, SP: Madras, 2022.
Título original: Finding Your Soul Mate With ThetaHealing®
ISBN 978-65-5620-040-8

1. Alma gêmea 2. Amor 3. Autorrealização (Psicologia) 4. Cura espiritual I. Stibal, Guy.
II. Título.

22-105670   CDD-615.8

Índices para catálogo sistemático:
1. Cura energética: Terapia holística   615.8
Eliete Marques da Silva – Bibliotecária – CRB-8/9380

É proibida a reprodução total ou parcial desta obra, de qualquer forma ou por qualquer meio eletrônico, mecânico, inclusive por meio de processos xerográficos, incluindo ainda o uso da internet, sem a permissão expressa da Madras Editora, na pessoa de seu editor (Lei nº 9.610, de 19/2/1998).

Todos os direitos desta edição, em língua portuguesa, reservados pela

MADRAS EDITORA LTDA.
Rua Paulo Gonçalves, 88 — Santana
CEP: 02403-020 — São Paulo/SP
Tel.: (11) 2281-5555 — (11) 98128-7754
www.madras.com.br

Nota do Editor Internacional:

Os remédios, abordagens e técnicas aqui descritos não se destinam a complementar ou ser um substituto para cuidados ou tratamentos médicos profissionais. Você não deve tratar uma doença médica grave sem consulta prévia de um profissional de saúde qualificado. Nem o autor nem o editor podem ser responsabilizados por qualquer perda, reclamação ou dano decorrente do uso, ou do uso indevido, das sugestões feitas, da falta de aconselhamento médico ou por qualquer material em sites de terceiros.

Índice

Lista de Exercícios 9
Prefácio por Guy Stibal.. 11
Introdução 15

PARTE 1: OS PRINCÍPIOS DAS ALMAS GÊMEAS

1. O Amor e a Técnica Theta 20
2. Níveis de Amor... 39
3. Um Guia para Almas Gêmeas 49
4. Trabalho de Crença sobre Alma Gêmea...................... 62

PARTE 2: A BUSCA PELA ALMA GÊMEA

5. Preparando-se para uma Alma Gêmea 88
6. Manifestando uma Alma Gêmea 98
7. Conselhos sobre Encontros para Almas Gêmeas 105
8. Conselhos para as Mulheres 116
9. Conselhos para os Homens 124
10. A Alma Gêmea e o Sexo 129

PARTE 3: VIVENDO COM UMA ALMA GÊMEA

11. Vivendo Junto 150
12. Recuperar Relacionamentos ou Seguir em Frente 161
Recursos 169
Sobre os Tradutores 173

Lista de Exercícios

Suba para o Sétimo Plano	22
A Meditação da Leitura	23
Teste Energético: Método Um	27
Teste Energético: Método Dois	28
Os Cinco Passos de Trabalho de Crença e Oito Caminhos para o *Digging*	32
Crenças sobre o Amor	45
Manifestando Pessoas Positivas	96
Saiba o Que Você Quer em uma Alma Gêmea	100
Reivindicando Sua Alma Gêmea Mais Compatível	101
Manifestação por Dez Dias	102
Exercício de Pirâmide para Encontrar Sua Alma Gêmea	102
Afirmações para Almas Gêmeas	106
Equilíbrio dos Cérebros Masculino-Feminino	112
Enviar Amor para o Bebê no Ventre	114
Programar um Objeto Inanimado	156
Programe Seu Ambiente para Potencializar Sua Vida	157
Recuperando Fragmentos de Alma de Relacionamentos Passados	164
Divórcio Energético	166

Prefácio

Este livro é concebido para pessoas espiritualmente românticas que não perderam a fé – fé de que, em algum lugar do mundo, uma pessoa com um pensamento parecido está olhando para o mesmo céu, uma pessoa que pode ser aquele alguém especial. Alguém que possa compartilhar uma paixão de natureza divina, criando ou recriando uma relação que se faz sentir até na alma, que renasce com tal intensidade que ambos sentem que podem fazer parte de um mesmo ser. Em suma, é para pessoas que procuram uma alma gêmea.

Para mim, a base disso é o caráter místico e romântico do espírito humano que é intrínseco a alguns de nós. É natural querermos de nós estar com alguém que tenha uma compreensão divina e acreditarmos que duas pessoas possam ser reunidas para cumprir um plano divino, com o destino trabalhando em direção a um propósito maior.

O desejo por uma alma gêmea é exatamente isto: a antiga necessidade de se tornar o casal divino, cuja união inspira uma nova vida ao mundo em níveis além do físico.

Visto a partir desse contexto, encontrar sua alma gêmea tem ramificações mais profundas. A união de almas gêmeas cria uma energia extraordinária. Essa energia é o que alguns chamam de pedra filosofal e os galeses chamam de Awen – inspiração divina que surge da paixão que repousa dentro de nós, esperando pela realização que só pode ser trazida pela união de duas almas compatíveis.

Essa inspiração então flui para todos os outros aspectos que constituem nossa existência.

Como uma pedra lançada em uma piscina de água parada, essa união de duas almas envia ondas para fora em uma expressão do tempo divino em grande escala. O tempo divino funciona em mais de um nível. Primeiro, a união entre duas almas estimula a evolução dos espíritos eternos de ambas as pessoas envolvidas. Em segundo lugar (e talvez mais importante), isso é planejado pelo cosmos para inspirar outros e ajudá-los em seu crescimento espiritual. Ele cria uma energia composta de luz – mais uma vela trazendo iluminação para o mundo.

Muitos de nós nascemos neste mundo sabendo como deveríamos ser amados por outra pessoa, mas não sabemos como satisfazer esse desejo da maneira melhor e mais elevada. Para realizar o desejo do coração e nos sentirmos confortáveis com outra pessoa, devemos primeiro nos amar o suficiente e, então, dar um salto de fé. Mas isso não é tão fácil quanto parece. É preciso muita coragem para amar alguém tão completamente. Muitas pessoas sabem em um nível instintivo que os sentimentos por outra pessoa são bastante intensos, envolventes, arriscados, e muitos evitam esse tipo de relacionamento próximo por puro medo. Alguns evitam a ponto de não acreditarem nisso.

Certamente houve um tempo em que desisti do amor verdadeiro e não acreditava que encontraria a alta sacerdotisa que o universo sempre me dizia que estava chegando. Eu estava até pensando em me tornar um monge de algum tipo e desaparecer em ascetismo. Mas em 1º de abril de 1997 (meu 37º aniversário), quando o cometa Hale-Bopp passou pelo periélio, eu soube que a mudança estava no ar. Como uma tempestade que você pode sentir em um dia claro e sem vento, algo estava chegando. A tempestade começou em agosto, e os ventos e as águas chamadas Vianna me varreram em uma visão do ThetaHealing® que começou com um beijo. No outono daquele ano, estávamos apaixonados, nossos destinos tinham se fundido e estávamos nas asas de uma oração.

Acredito que o magnetismo da alma gêmea foi o que aconteceu entre mim e Vianna naquele primeiro beijo, e continua até hoje. Este livro é dedicado à nossa história de amor e a todos os românticos por aí. Agora, minha(meu) amiga(o), faça uma viagem com Vianna e reafirme sua crença no amor verdadeiro.

Guy Stibal

Introdução

Este livro foi inspirado em minha real história de amor com meu marido, Guy Stibal. Essa história começou dez anos antes de eu encontrá-lo de verdade, quando comecei a ter visões de um homem de Montana. Naquele tempo, eu sabia que algo faltava na minha vida – um grande e profundo amor que sentia que tinha experimentado antes e o faria de novo. Sabia que esse amor era apaixonado e profundo para além do meu entendimento humano. Também sentia que, uma vez que eu tivesse encontrado esse homem, nós nos reconheceríamos.

Sentia-me culpada por essas visões porque estava em um relacionamento na época, mas elas não iam embora. Elas duraram muitos anos e atingiram o pico quando comecei a fazer leituras e, posteriormente, quando aprendi a manifestar. Foi então que aprendi uma coisa muito importante: se você não segue seus sonhos, permite que outros comandem sua vida por você. Até aprender a manifestar o que queria, vivi minha vida de acordo com o que os outros queriam que eu fizesse.

Em meus relacionamentos antes de conhecer Guy, eu não sabia como me permitir ser amada. Acho que isso acontecia porque não me amava. Os relacionamentos não funcionavam por questões de compatibilidade e fui inteligente o suficiente para deixá-los, mas também tinha a crença de que eu tinha de deixá-los antes de encontrar meu homem de Montana.

Então cheguei a um ponto em que encontrei meu valor próprio e manifestei o homem que eu queria. Finalmente encontrei alguém com quem poderia me imaginar vivendo pelo restante da minha vida. Quando me juntei ao Guy, pude realmente me ver sentada em uma cadeira de balanço e envelhecendo com ele. A peça que faltava no quebra-cabeça afinal se encaixou. Na verdade, escrevemos um livro sobre isso chamado *On the Wings of Prayer* (Nas Asas da Oração).

O que me ajudou a manifestar uma alma gêmea foram as leituras e consultas que fiz. Por meio dessas consultas, descobri que outras pessoas também procuravam sua alma gêmea. Na verdade, a pergunta mais frequente sobre relacionamentos era: "Será que algum dia vou encontrar minha alma gêmea?".

Foi só depois de encontrar Guy que comecei a refletir sobre como capacitar as pessoas a encontrar esse alguém especial. Comecei encorajando-as a manifestar a alma gêmea mais compatível. Então, decidi colocar nossa história de amor em um livro, para ajudar as pessoas a verem que é possível encontrar sua alma gêmea.

Com o passar do tempo, pude ver que, embora a manifestação fosse eficaz para algumas pessoas, por si só não funcionava para todos. À medida que fiz muitas outras leituras e encontrei milhares de cenários diferentes, padrões comuns começaram a se tornar aparentes. À proporção que eu levava o ThetaHealing adiante e desenvolvia o trabalho de crenças, descobri que havia muitos sistemas de crenças negativos associados aos relacionamentos e ao amor. Um dos mais básicos era: "É impossível encontrar uma alma gêmea compatível".

Neste livro, mostrarei como mudar essas crenças, encontrar uma alma gêmea e desfrutar um relacionamento amoroso com ela.

Como Usar Este Livro

Esta obra é a companheira de meu primeiro livro, *ThetaHealing® – Introdução a uma Extraordinária Técnica de Transformação Energética*, e do segundo, *ThetaHealing Avançado*.* No *ThetaHealing® – Introdução a uma Extraordinária Técnica de Transformação Energética*, explico os processos passo a passo da leitura ThetaHealing, cura, trabalho de crenças, trabalho de sentimentos, *digging* e trabalho de genes, e forneço uma introdução aos planos de existência

---

*N. T.: Ambos os livros publicados pela Madras Editora.

e conhecimento adicional para o iniciante. *ThetaHealing Avançado* oferece um guia detalhado para o trabalho de crenças, trabalho de sentimento e *digging*, além de *insights* sobre os planos de existência e as crenças que acredito serem essenciais para a evolução espiritual. Não inclui os processos passo a passo de ThetaHealing. É necessário chegar a uma compreensão desses processos para utilizar plenamente este livro atual. No entanto, há uma breve descrição deles no primeiro capítulo.

Essas técnicas são processos de meditação que acredito que promovem cura física, psicológica e espiritual usando as ondas cerebrais theta. Em um estado mental theta puro e divino, somos capazes de nos conectarmos ao Criador de Tudo O Que É por meio da oração focada. O Criador nos deu o conhecimento fascinante que você está prestes a receber. Isso mudou minha vida e a vida de muitas outras pessoas.

Há, no entanto, um requisito que é absoluto com essa técnica: você deve ter uma crença central em um Criador, Deus, o Criador de Tudo O Que É ou qualquer nome que você escolher. O ThetaHealing não tem afiliação religiosa e percebo que o Criador tem muitos nomes, incluindo Deus, Buda, Nirvana, Alá, Shiva, Deusa, Jesus, Fonte Criadora e Javé. Então, com estudo e prática, qualquer pessoa pode fazer isso – qualquer um que acredite na essência de Tudo O Que É, que flui por todas as coisas! Os processos de ThetaHealing não são específicos para qualquer idade, sexo, raça, cor ou credo. Qualquer pessoa com uma fé pura em Deus pode acessar e usar os ramos da árvore ThetaHealing.

Mesmo compartilhando essas informações com você, não aceito qualquer responsabilidade pelas transformações que possam advir do uso delas. A responsabilidade é sua – a responsabilidade que você assume quando percebe que tem o poder de mudar sua vida e também a de outras pessoas.

O que vou tentar fazer é lhe dar algumas orientações espirituais práticas relativas ao amor, aos relacionamentos e, particularmente, às almas gêmeas. Pode estar procurando por amor – um amor que é divino. Você pode nunca ter se apaixonado antes e estar buscando alguém especial para se relacionar. Você pode estar sozinho. Existem muitas pessoas solitárias no mundo e espero que este livro as ajude a ter companhia. Ele fornece dicas não apenas sobre como encontrar uma alma gêmea, mas também como mantê-la. E, se você já tem sua alma gêmea, isso ajudará em seu relacionamento com ela.

Uma última coisa importante antes de usar este guia. Este é um guia para namoro e casamento. Não é uma permissão para deixar seu (sua) amado(a) ou seu relacionamento atual. Não foi projetado como um "destruidor de relacionamento". Por favor, não inclua o ThetaHealing em uma caça a um culpado porque você quer deixar seu amado, esposa ou marido! Você nunca sabe, as pessoas podem mudar e, por trás de todas essas crenças velhas e desgastadas, elas podem ser sua alma gêmea compatível ou mesmo divina.

Eu acredito que, desde 1998, mais almas gêmeas se encontraram do que em qualquer outro momento da história. Creio que isso se deva à mudança na energia eletromagnética da Terra e à evolução espiritual que estamos experimentando. Este é um momento em que começamos a nos amar o suficiente para nos sentirmos merecedores de uma alma gêmea compatível ou até mesmo divina. Espero que você encontre a sua.

Parte I
OS PRINCÍPIOS
DAS ALMAS GÊMEAS

Capítulo 1

O Amor e a Técnica Theta

Eu acredito que existe uma pessoa especial para todos nós. Abra seus olhos para o mundo ao seu redor e você a encontrará. O ThetaHealing pode ajudá-lo. Veja como.

Um Rápido Lembrete da Técnica Theta

Neste livro, você utilizará uma técnica que o levará a uma onda cerebral theta. Para você compreender isso, estou oferecendo este breve resumo de meus dois primeiros livros. É importante que você tenha pelo menos uma visão geral dos ramos da árvore ThetaHealing.

A Onda Cerebral Theta

Tudo o que fazemos e dizemos é regulado pela frequência de nossas ondas cerebrais. Existem cinco ondas cerebrais diferentes: alfa, beta, delta, gama e theta. O cérebro está produzindo ondas constantemente em todas essas frequências.

Um estado de ondas cerebrais theta é um estado de relaxamento muito profundo, um estado de sonho, sempre criativo, inspirador e caracterizado por sensações muito espirituais. Acredito que esse estado permite o acesso à mente subconsciente e abre um canal direto para a comunicação com o divino. Creio que, quando você diz a palavra "Deus", está ancorando uma onda teta consciente.

Quando estamos em um estado mental theta, podemos enviar nossa consciência para além deste corpo mortal ao que chamamos de Sétimo Plano de Existência, para nos conectarmos com a energia de "Tudo O Que É", inerente a tudo em todo o universo. Estudos mostraram que os curadores e as pessoas que estão sendo curadas estão entrando em uma frequência theta-delta. Isso pode explicar as experiências visionárias de alguns curadores.

A forma com a qual alcançamos a energia de Tudo O Que É ocorre com a meditação a seguir. Esse "caminho" mental abre sua mente para permitir que você alcance o Sétimo Plano de Existência e estimula os neurônios em seu cérebro para conectá-lo à energia da criação. Você parte em uma jornada interna para encontrar o Eu-Criador que está dentro de si e viaja para a consciência cósmica ao mesmo tempo.

Suba para o Sétimo Plano

Concentre-se no coração e visualize a descida à Terra. Imagine a energia subindo do centro da Terra pela planta dos pés e subindo do topo da cabeça como uma linda bola de luz. Você está dentro dessa bola de luz. Reserve um tempo para perceber de que cor ela é.

Em seguida, imagine-se subindo acima do universo.

Agora imagine ir para a luz acima do universo. É uma linda e grandiosa luz.

Imagine-se subindo por aquela luz e você verá outra luz brilhante, e outra, e outra. Na verdade, existem muitas luzes brilhantes. Continue. Entre as luzes há um pouco de luz escura, mas esta é apenas uma camada antes da próxima luz, então continue. Você está subindo por todos os planos da existência.

Finalmente, você verá uma grande luz brilhante. Passe por ela. Ao fazer isso, verá uma energia mais escura, uma substância gelatinosa. Ela contém todas as cores do arco-íris. Quando você entrar nela, observará que ela muda de cor. Você verá todos os tipos de formas e cores. Essas são as leis que governam o universo.

A distância, há uma luz branca iridescente. É uma cor branco-azulada, como uma pérola. Dirija-se a essa luz. Evite se distrair com a luz azul profunda que você verá. Essa é a lei do magnetismo. Ela vai se comunicar com você e você, vai se divertir muito, mas pode se comunicar com ela por horas. Se desejar, converse com ela depois de ter ido para o Sétimo Plano.

À medida que você se aproxima da luz branca, pode ver uma névoa rosa. Continue indo até você vê-la. Esta é a lei da compaixão e irá empurrá-lo para o lugar especial ao qual está indo.

Existe apenas energia no Sétimo Plano, não pessoas ou coisas. Então, se você vir pessoas, vá mais alto.

É a partir do Sétimo Plano que o Criador de Tudo O Que É pode realizar curas instantâneas e você pode criar em todos os aspectos de sua vida.

Pratique ir ao Sétimo Plano de Existência para encontrar a mais pura essência da energia de Tudo O Que É. Esse processo abrirá portas em sua mente para conectá-lo com Tudo O Que É.

A Leitura

Agora que você tem as informações básicas sobre essa técnica, colocaremos todas as peças juntas para visualização remota ou o que chamo de "leitura".

A estrutura da leitura é simples:

A Meditação da Leitura

1. Concentre-se em seu coração e envie sua energia para a Mãe Terra.
2. Traga a energia de volta para o seu corpo, abrindo e alinhando todos os seus chacras, todos os centros de energia do seu corpo, conforme você avança.
3. Suba e saia de seu chacra coronário em uma linda bola de luz. Suba para o universo.

4. Suba por todos os planos da existência usando o caminho para Tudo O Que É (ver anteriormente).
5. Faça a conexão com o Sétimo Plano da Existência e o Criador de Tudo O Que É.
6. Faça o comando e solicite (o comando é para o seu subconsciente, o pedido é para o Criador) para testemunhar a leitura dizendo silenciosamente:

> "Criador de Tudo O Que É,
> uma leitura é comandada
> para [nome da pessoa]".

7. Vá para o campo da pessoa e testemunhe tudo o que você precisa para esta leitura.
8. Depois de terminar, enxágue-se com a energia do Sétimo Plano e fique conectado a ela.

Quando você for capaz de fazer essa meditação, estará pronto para fazer o trabalho de crenças. O trabalho de crenças é importante porque mostra suas crenças sobre relacionamentos e como encontrar um parceiro para a vida. Uma das melhores maneiras de descobrir se você está pronto para uma alma gêmea é com o trabalho de crença e de sentimento do ThetaHealing.

Trabalho de Crença e de Sentimento

O trabalho de crenças nos oferece uma forma de descobrir como realmente nos sentimos sobre os relacionamentos e, tão importante quanto, acerca de nós mesmos. Se estivermos confortáveis com nós mesmos, podemos viver conosco. Isso significa que outra pessoa também pode morar conosco. Se houver inconsistências dentro de nós, no entanto, elas se manifestarão nas pessoas que forem atraídas por nós. Essas pessoas terão aspectos nossos, tanto positivos quanto negativos.

Normalmente, não temos consciência desse processo ou mesmo das crenças que possuímos. Muitos de nós tivemos relacionamentos difíceis no passado que poderiam ter sido evitados se tivéssemos as ferramentas psicológicas e espirituais adequadas.

Existem muitos sistemas de crenças conflitantes no que concerne aos assuntos do coração. Um exemplo seria a pessoa que deseja ser totalmente independente e, ao mesmo tempo, pede uma alma gêmea para compartilhar sua vida. Esses dois sistemas de crenças obviamente entram em conflito um com o outro.

Nas sessões de leitura, ouço mulheres o tempo todo que dizem: "Não há ninguém lá fora, além de homens podres". Como consequência, tudo o que elas encontram são homens podres. Ouço a mesma coisa dos homens com quem falo. Eles dizem: "Não há ninguém lá fora, além de mulheres que usam homens". Porque eles acreditam nisso, é tudo o que eles encontram, já que seu subconsciente acredita que é isso que eles querem.

O trabalho de crenças pode ser facilmente interpretado e compreendido, do ponto de vista psicológico, como a abertura de um portal para a mente subconsciente criar mudanças dentro dela. Observando as pessoas em sessões de trabalho de crença, parece que há uma bolha de proteção ao redor da mente subconsciente – pelo menos em algumas pessoas. Essa proteção é criada de modo que o disco rígido do subconsciente possa nos isolar da dor, ou o que ele percebe que pode ser doloroso para nós, se tentarmos mudar o que o ThetaHealing agora chama de "programas".

Programas

Nosso cérebro funciona como um supercomputador biológico, analisando as informações que chegam até nós e respondendo a elas. Como respondemos a uma experiência depende da informação que é dada ao subconsciente, e de como ela é recebida e interpretada. Quando uma crença é aceita como real pela mente, acreditamos que ela se torna um "programa de crença".

Os programas podem funcionar para nosso benefício ou em detrimento dele, dependendo do que são e de como reagimos a eles. Muitas pessoas, por exemplo, vivem a maior parte de suas vidas com o programa oculto de que não podem ter sucesso. Mesmo que tenham muito sucesso por vários anos, podem perder repentinamente tudo o que possuem como resultado desse programa. Sem perceber que estão se sabotando, continuam o processo. Elas não entendem que existem programas dentro delas, flutuando na mente subconsciente, esperando a oportunidade de se expressar no mundo exterior.

O trabalho de crença nos traz a habilidade de remover esses programas negativos e substituí-los por outros positivos. Isso ocorre mediante a percepção de que podemos criar mudanças por meio da força mais poderosa do universo: a energia das partículas subatômicas.

Ao longo da nossa vida, à medida que aprendemos e crescemos, muitos de nós descobrimos que mudar e crescer pode ser difícil. Quando somos crianças, nossas experiências com mudanças podem nos ensinar que isso pode ser doloroso, até mesmo perigoso. Por exemplo, pode ser traumático mudar de escola. Se nossos pais se divorciam ou um membro da família ou amigo morre, a bolha começa a se formar em torno de nosso subconsciente como um meio de nos proteger da dor. Conforme envelhecemos, transformação e crescimento (como percebido pela mentalidade ocidental) também são em grande parte sentidos como dolorosos. Quando perdemos ou mudamos de emprego, perdemos um amor ou à medida que nossos corpos envelhecem, nossas percepções de transformação podem se tornar progressivamente mais negativas. Portanto, mesmo uma tentativa de mudança positiva pode ser considerada dolorosa e a bolha de proteção permanece no lugar. Ao envelhecermos, fica cada vez mais difícil fazer mudanças que podem ser dolorosas para nós. As camadas de proteção tornam-se cada vez mais espessas.

O trabalho de crença é um meio de penetrar pelas camadas da mente subconsciente para promover transformações sem criar ou recriar a dor.

Os Níveis de Crença

Acreditamos que há quatro níveis de crença em uma pessoa, nos quais os programas de crença são ancorados:

1. *O nível central*: crenças centrais são o que nos foi ensinado e nós aceitamos desde a infância nesta vida. Elas se tornaram parte de nós. São ancoradas como energia no lobo frontal do cérebro.
2. *O nível genético*: nesse nível, programas são trazidos dos nossos ancestrais ou adicionados aos nossos genes nesta vida. Essas crenças são armazenadas como energia no campo morfogenético, em volta do DNA físico. Esse campo de conhecimento é o que fala para a mecânica do DNA o que fazer.
3. *O nível histórico*: esse nível se refere a memórias de uma vida passada, ou memórias genéticas profundas, ou experiências de consciências de grupo que carregamos até o presente. Elas são mantidas em nosso campo áurico.
4. *O nível da alma*: esse nível é tudo o que somos.

Teste Energético

A fim de descobrir se uma pessoa tem certos programas de crenças, usamos um método simples chamado "teste muscular" ou "teste energético". Parecido com cinesiologia, ele nos diz quais programas a pessoa tem ou não nos quatro níveis que acabamos de discutir.

O teste energético é um procedimento direto no qual o praticante testa o campo de energia ou a essência de Tudo O Que É de uma pessoa. Isso se originou da forma de diagnóstico médico convencional chamada cinesiologia. Ela permite que o praticante e o cliente experimentem uma reação a um estímulo, e ganhem validação física e visual de que um programa existe. O corpo deve estar adequadamente hidratado para que o teste muscular funcione. Uma vez que o corpo esteja devidamente hidratado, o teste muscular é uma ferramenta útil. Existem dois métodos distintos para o teste energético no trabalho de crença.

Teste Energético: Método Um

Sente-se em frente ao cliente. Com um movimento para cima e para baixo, mova sua mão na frente do peito, fazendo um movimento de corte para baixo e para cima novamente. Isso vai alinhá-lo, reorganizando o campo eletromagnético dele para que faça o teste de energia corretamente.

1. Solicite ao cliente que coloque o polegar e o dedo indicador ou anelar juntos em um círculo. Peça a ele para manter os dedos juntos com força.
2. Peça a ele para dizer "eu sou um homem" ou "eu sou uma mulher", dependendo do gênero, ou seja, se for uma mulher, peça-lhe que diga "eu sou uma mulher".
3. Separe os dedos dele para avaliar uma pressão "forte" ou "fraca". Os dedos devem segurar com bastante força, indicando uma resposta forte ou "sim". Se eles se separarem livremente, isso indica uma resposta fraca ou "não". Isso indica que o cliente está desidratado. Ofereça a ele um copo de água.

Teste Energético: Método Dois

Existe outro tipo de teste muscular que você pode usar para fazer uma cura em si mesmo, com alguém ao telefone, ou mesmo com clientes que estão na sua presença.

1. Direcionada para o norte, a pessoa que está sendo testada deve dizer "sim". O corpo dela deve se inclinar para a frente para uma resposta positiva.
2. Quando ela diz "não", o corpo dela deve se inclinar para trás, indicando uma resposta negativa.
3. Se o corpo não se inclinar, é provável que ela esteja desidratada.
4. Se ela se movimentar para a frente em uma resposta "não" ou se movimentar para trás em uma resposta "sim", pode também indicar desidratação.
5. Uma vez que a pessoa se inclina para a frente em direção ao norte para "sim" e para trás para "não", ela está pronta para ser testada para os programas.

Digging

Uma das formas pelas quais um praticante de ThetaHealing pode ser mais eficiente em uma sessão individual é usar algo chamado de *digging* ou escavação. Escavar é fazer um teste energético para encontrar a crença-chave que sustenta muitas crenças no lugar. O praticante desempenha o papel de investigador, buscando a questão emocional que é a causa raiz das crenças que aparecem a partir dela. À medida que a energia do praticante testa a pessoa, as frases ditas por ela darão pistas para a crença-chave.

É útil visualizar o sistema de crenças como uma torre de blocos. O bloco inferior é a crença-raiz que sustenta o restante das crenças. Sempre pergunte ao Criador: "Qual crença-raiz está mantendo este sistema de crenças intacto?". Você pode economizar horas quando encontra e elimina as principais crenças-chave.

O processo é fácil! Tudo que você precisa fazer é perguntar: "Quem?", "O quê?", "Onde?", "Por quê?" e "Como?". A mente do cliente faz a escavação para você, acessando informações como um computador, e lhe dá uma resposta a todas as perguntas.

Se parecer que as pessoas ficam presas ao encontrar uma resposta, isso é apenas temporário. Mude a pergunta de "Por quê?" para "Como?", etc., até que uma resposta se manifeste. Se não houver resposta, pergunte: "Se você soubesse a resposta, qual seria?". Com um pouco de prática, você vai aprender como acessar a habilidade mental para encontrar a resposta. E, a qualquer momento no processo de trabalho da crença, o Criador pode vir até você e lhe dar a crença-raiz que está procurando, portanto esteja aberto à intervenção divina.

Assim que você encontrar a crença-chave, pergunte ao Criador se deve liberá-la, substituí-la ou simplesmente eliminar algum aspecto dela. Nunca substitua programas sem o devido discernimento. O que pode inicialmente ser percebido como um programa negativo pode, na verdade, ser benéfico.

Cavar não significa, entretanto, perguntar ao Criador o que mudar e nada mais. Trata-se de uma conversa com o cliente, já que o simples ato de falar sobre o assunto o libertará de parte da questão.

Na verdade, isso vai trazer os programas à luz da mente consciente para serem liberados de forma espontânea.

Ao substituir um programa, a primeira coisa que você precisa entender é em qual conexão neuronal necessita trabalhar. Então, depois de modificar as sinapses, você deve se certificar de alterar os padrões associados que podem interferir no novo conceito também. Lembre-se de que as crenças históricas e os genes podem igualmente impedir a inserção de uma nova consciência.

O ponto-chave está na interação cliente-praticante, mas o cliente não deve se concentrar muito na ideia de que seu cérebro foi reprogramado, ou o subconsciente pode tentar substituir o novo programa pelo antigo.

Sempre descubra como a crença-raiz serviu à pessoa e o que ela aprendeu com a crença. Geralmente, há um aspecto positivo na maioria dessas crenças, como: "Se eu estiver acima do peso, meus sentimentos estão seguros" ou "Se eu estiver acima do peso, meus sentimentos mais profundos ficarão ocultos". Como você pode ver, nossa mente está sempre fazendo seu melhor para nos proteger da dor. Certificar-se de que uma pessoa entende por que ela teve um programa que não é para o seu bem maior vai ajudá-la a evitar que recrie a mesma energia.

É sempre melhor encontrar o programa mais profundo antes do final da sessão. O trabalho de sentimentos ajudará aqui, visto que, em muitos casos, a instalação de sentimentos acelera o processo de encontrar o programa mais profundo.

Trabalho de Sentimento

Muitas pessoas não sabem expressar amor por uma alma gêmea, e isso acontece porque nunca desenvolveram esses sentimentos. É difícil atrair uma alma gêmea se você não é capaz de retribuir o amor que é dado.

Algumas pessoas nunca experimentaram a energia de certos sentimentos em suas vidas. Talvez elas tenham ficado traumatizadas quando crianças e não tenham desenvolvido esses sentimentos, ou os tenham perdido em algum lugar no drama ou trauma emocional desta existência.

Nunca ter experimentado como é ser amado, por exemplo, ou ser rico, é a razão pela qual, quando queremos manifestar uma alma gêmea ou abundância, as manifestações não acontecem. Para manifestar o que queremos, primeiro temos de experienciar os sentimentos. Isso nos mostra que há possibilidades no universo e faz ser possível acreditar nelas.

Para experienciar o que é ser amado por alguém, ou qualquer outro sentimento com o qual possamos não estar familiarizados, os sentimentos devem ser mostrados pelo Criador.

Para dar a um cliente a experiência de um sentimento particular, um praticante de ThetaHealing recebe sua permissão verbal e se conecta com o Criador de Tudo O Que É. O praticante, então, testemunha a energia do sentimento "baixando" do Criador para a pessoa e fluindo por meio de cada célula de seu corpo e todos os quatro níveis de crença. Desse modo, o que de outra forma levaria vidas para ser aprendido pode ser assimilado em segundos.

Assim como com o trabalho de crença, o teste energético é usado para verificar o que alguém não sabe como sentir ou o que não conhece, usando os seguintes formatos:

- "Eu entendo como é…"
- "Eu sei…"
- "Eu sei quando…"
- "Eu sei como…"
- "Eu sei como viver meu dia a dia…"
- "Eu conheço a perspectiva do Criador de Tudo O Que É em…"
- "Eu sei que é possível…"
- "Eu sou…"
- "Eu faço…"

Por exemplo:

- "Eu entendo como é confiar."
- "Eu sei o que é confiar."
- "Eu sei quando confiar."
- "Eu sei como confiar."

- "Eu sei como viver meu dia a dia confiando e sendo confiável."
- "Eu conheço a perspectiva do Criador de Tudo O Que É de confiança e de como confiar."
- "Eu sei que é possível confiar e ser confiável."
- "Eu sou confiável."
- "Eu confio."

Uma vez que o sentimento foi experimentado, a pessoa está pronta para criar mudanças em sua vida. Já vi muitas vidas serem mudadas simplesmente baixando sentimentos do Criador.

No ThetaHealing, você também pode ser seu próprio terapeuta e fazer seu próprio trabalho de crença e sentimento.

Veja como realizar o processo de trabalho de crença e sentimento, incluindo escavação, apresentado como se você estivesse trabalhando com outra pessoa:

Os Cinco Passos de Trabalho de Crença
e Oito Caminhos de *Digging*

Passo 1: estabelecer um vínculo de confiança

- Deixe o cliente confortável.
- Escute o que o cliente tem a dizer. Reconheça o que ele tem a dizer e questione-o sem ser agressivo.
- É importante fazer contato visual com o cliente. Observe a linguagem corporal dele. Isso dá uma indicação de quando um ponto sensível no trabalho de crença foi alcançado.

Passo 2: identificar a questão

- Determine qual questão (crença) o cliente gostaria de trabalhar na sessão. Essa é a crença superficial que você vai trabalhar para encontrar a crença-raiz.
- Identifique como a crença está sendo expressa em uma situação específica na vida do cliente.

- Realize um teste energético para determinar o que o cliente acredita que é verdadeiro.
- Estabeleça um objetivo com o cliente: "Vamos analisar profundamente a questão juntos e ir à raiz dela".

Passo 3: comece o processo de escavação

Cavar em busca da crença-raiz que vai liberar todas as crenças reunidas anteriormente é uma forma de arte. Não há duas pessoas iguais, e é importante observar que cada sessão de escavação vai ser diferente. Há oito abordagens para o trabalho de escavação. Elas são as seguintes:

1. Perguntas básicas

- Comece fazendo as perguntas básicas:

"Quem?"
"O quê?"
"Onde?"
"Por quê?"
"Como?"

- Exemplos:

"Por que você acha isso?"
"O que você aprende com isso?"
"Como isso lhe serviu?"

2. Medos

- Identifique o medo mais profundo que está por trás de todos os outros medos. Pergunte:

"Qual é a pior coisa que poderia acontecer se você estivesse nessa determinada situação?".
"O que aconteceria em seguida nessa situação?".

3. Drama (trauma)

- Identifique um incidente no passado que evocou as emoções traumáticas pela primeira vez, como raiva, tristeza, ressentimento, culpa e rejeição.
- Daí identifique os indicadores atuais dos sentimentos da pessoa:

"Quando você começou a se sentir desse jeito?".
"Por quem você se sente assim?".
"Onde você estava quando começou a se sentir dessa forma?".
"O que estava acontecendo naquele momento?".
"Como você se sente sobre a situação?".
"Qual atitude você gostaria de tomar a partir dos sentimentos que está tendo sobre a situação?".

- Identifique quando os sentimentos evoluíram:

"Quando foi a primeira vez que você esteve em uma situação parecida e experimentou um sentimento semelhante?".
"Como você se sentiu?".

- Testemunhe as crenças sendo liberadas e substituídas nos quatro níveis de crença (central, genético, histórico e de alma).
- Baixe os sentimentos que são necessários para ajudar a pessoa a reconhecer a crença-raiz.
- Pergunte:

"O que você aprendeu a partir dessa experiência?".
"Por que você teve de experimentar isso?".
"Como isso lhe serviu e como isso continua lhe servindo?".

4. Doença

- Descubra quais são as questões e comece a cavar mais fundo.
- Descubra por que a pessoa ficou doente:
"Quando a doença começou?".

"O que estava acontecendo na sua vida naquela época?".

- Descubra por que a pessoa continua doente:

"Qual é a melhor coisa que aconteceu com você como resultado de estar doente?".

"O que você aprendeu por estar doente?".

- Descubra por que a pessoa não consegue se curar:

"O que aconteceria se você fosse completamente curado?".

5. Manifestação

- Peça ao cliente que visualize o que faria se tivesse todo o dinheiro que desejasse.
- Pergunte ao cliente onde ele estaria se tivesse todo o dinheiro que desejasse.
- Como ele se sente com todo o dinheiro que sempre quis?
- A(O) cliente tem um companheiro(a) e, caso tenha, como essa pessoa reage a todo esse dinheiro? Como a família e os amigos da(o) cliente reagem?
- Descubra problemas que deixam o cliente desconfortável em sua visualização e comece a cavar mais fundo para resolvê-los. Pergunte:

"O que você faria se tivesse todo o dinheiro que sempre quis?".
"O que pode dar errado nessa situação?".

6. Trabalho genético

Se você descobrir, por meio de testes musculares, que a pessoa tem certas crenças nas quais não acredita conscientemente, pode achar que ela fica confusa, tornando difícil continuar seu trabalho de escavação. Essas crenças podem ser as dos ancestrais que foram transmitidas a ela.

- Continue cavando ao perguntar:

"Esta é uma crença de sua mãe?".
"Esta é uma crença de seu pai?".
"Esta é uma crença de um ancestral?".

7. Crenças de consciência de grupo

Quando muitas pessoas têm a mesma crença, elas a aceitam como um fato e isso se torna a crença de consciência de grupo.

- Extraia essas crenças e as elimine completamente, de modo que o cliente possa continuar. Se, por exemplo, ele acreditar:

"Diabetes é incurável".
"Eu tenho medo de usar meu poder".
"Eu fiz um voto de pobreza".

- Você pode fazer os *downloads*:

"Diabetes é curável".
"Eu posso usar meu poder segura e pacificamente".
"O voto de pobreza está completamente finalizado".

8. O impossível

Este trabalho é realizado não para encontrar bloqueios, mas para reprogramar o cérebro para aceitar o que é atualmente percebido como impossível.

- Pergunte:
"O que aconteceria se...?".

Passo 4: Mude a crença

- Realize a cura nas emoções que surgem durante a sessão.
- Substitua a crença-raiz por uma crença positiva.
- Apresente *downloads* para apoiar a nova crença.

Passo 5: Confirme que a crença foi trocada

- Confirme que a crença foi trocada por meio do teste energético.

Pergunte ao Criador

O Criador está com você durante o trabalho de crença. Você nunca está sozinho. Sempre peça ajuda ao Criador quando estiver perdido e precisar de alguma orientação.

Exemplos de coisas que você pode pedir ao Criador:
- Qual problema focar quando há múltiplas questões.
- Se uma crença específica é a crença-raiz.
- Qual é a crença-raiz em uma situação específica.
- Qual nova crença vai substituir a crença antiga.
- Quais perguntas você deve fazer quando estiver perdido durante uma sessão de trabalho de crença.
- Quais sentimentos baixar à pessoa para auxiliar em uma situação em particular.

Pergunte no formato:
"Criador de Tudo O Que É, diga-me os sentimentos que devo baixar para esta pessoa. Gratidão! Está feito, está feito, está feito".

Agora você tem as ferramentas do ThetaHealing para ajudá-lo a encontrar amor. Nós retomaremos o trabalho de crença e como isso pode auxiliá-lo no capítulo 4. Mas, antes, vamos ver o que o amor realmente é.

Capítulo 2

Níveis de Amor

Em grande parte, nossas vidas são preenchidas pela busca do amor em todas as suas várias formas, especialmente o amor incondicional. Para encontrar exemplos disso, basta observarmos em nós mesmos e nos outros a necessidade motriz de ter animais de estimação, de ter amigos, de encontrar uma alma gêmea e de ter filhos. Essa necessidade começa na infância e continua ao longo de nossas vidas. As crianças querem um "melhor amigo". As mulheres criam círculos com outras mulheres. Os homens têm sessões de "laços masculinos" e praticam ou assistem a esportes competitivos para se sentirem solidários uns com os outros. Homens e mulheres procuram esse amor especial.

A maioria das relações humanas positivas é resultado dessa busca. Até a raiva e o ódio são o resultado disso. Por quê? Porque há um grande número de pessoas que tem dificuldade de encontrar o amor. Isso pode acontecer porque elas não amam a si mesmas ou nunca experimentaram o amor, daí não entendem o que ele é, ainda que saibam instintivamente que há um nível de sentimento que é ausente em suas vidas.

Quando eu era pequena, as pessoas sempre me decepcionavam quando se tratava de amor. Sentia que elas não conseguiam me amar, porque não sabiam amar nem um pouco. Tentei amá-las primeiro, pensando que então talvez pudessem retribuir e aprender a me amar. Então descobri que a razão pela qual a maioria das pessoas não conseguia ser boa ou legal comigo era porque elas não sabiam como amar ou sequer conheciam o sentimento do amor.

Quando criança, também pensava que amar as pessoas significava ver apenas as partes boas delas, não as ruins. Esse conceito foi tirado de mim mais tarde na vida, quando a Lei da Verdade me mostrou a realidade sobre as pessoas nos Registros Akáshicos. Naquela noite, vi os segredos mais profundos e sombrios de todas as pessoas da minha vida, e isso me inquietou tanto que decidi desaparecer nas colinas de Montana (o que, de certa forma, acabei fazendo). Como eu não tinha dinheiro para me mudar para Montana naquele momento, fui forçada a confrontar as pessoas sobre seus segredos. Então comecei a aprender o que o amor incondicional de fato significa. Aprendi que ter amor incondicional pelas pessoas era amá-las em consciência de "Cristo" ou "Buda", que era ver sua verdade por meio do Criador (ou com a iluminação) e ainda amá-las apesar disso.

Esse amor é uma coisa maravilhosa, mas amar as pessoas incondicionalmente não significa que devemos permitir que se aproveitem de nós ou que pessoas maldosas entrem nas nossas vidas. A busca pela iluminação não deve ser confundida com tolerar abuso simplesmente para que possamos dizer que temos amor incondicional pelas pessoas. É importante que esse amor seja temperado com o conhecimento adicional de que podemos ser fortes, mas amorosos. Nem todo mundo vai corresponder à vibração do amor incondicional e as pessoas em nossas vidas sempre tentarão nos levar ao nível vibracional delas para que possam se sentir confortáveis em si mesmas. Algumas pessoas têm uma vibração mais baixa e estão se afundando em ódio, raiva, medo e ressentimento. Elas "vivem na escuridão". Esse tipo de pessoa sempre tentará trazer os outros para o nível de realidade delas. Mas aqueles que estão na luz precisam apenas deixar a luz brilhar e as pessoas virão a eles por vontade própria.

Minha experiência mostra que programas negativos associados ao amor incondicional geralmente são criados na infância. Por exemplo, uma mãe pode mostrar amor verdadeiro por seu filho em um momento e bater nele impiedosamente logo depois. Ou um pai pode expressar amor verdadeiro por uma criança e depois molestá-la. É por causa de situações de infância como essas que as pessoas não sabem como receber amor incondicional.

O verdadeiro amor incondicional é mais bem compartilhado com uma pessoa que saiba o que ele é. Uma alma gêmea compatível terá aprendido como ter amor incondicional em um relacionamento.

O amor entre duas pessoas ainda tem condições para isso, não importa quão espiritualmente evoluído você seja. Se alguém lhe disser que deseja ser amado incondicionalmente, isso em geral significa que deseja um relacionamento sem regras. Para que duas pessoas estejam em um relacionamento, entretanto, deve haver regras básicas que ambas sigam, ou não haveria sentido em estarem juntas em um vínculo de casal.

Muitas pessoas são generosas por natureza e têm a tendência de se doar aos outros o tempo todo. Por causa disso, elas atraem almas gêmeas que não são generosas e tiram mais energia do relacionamento do que doam. Esteja certo de que está pronto para que uma alma gêmea lhe devolva o amor que você dá. Certifique-se sempre de que você pode aceitar e receber alegria, e de que pode aceitar e receber amor.

Para encontrar o amor de que precisa, é importante definir exatamente o que o amor significa para você. Como acontece com muitos outros assuntos, pode ser que a maneira com a qual você percebe o amor não seja para o seu bem maior e mais elevado. Esteja aberto para explorar as muitas facetas do amor e o que ele significa para você. O amor tem muitos níveis.

Os Níveis do Amor

Estes são os níveis de amor que se relacionam com a manifestação de almas gêmeas:

1. Amor a Deus.
2. Amor a si mesmo.
3. Amor entre duas pessoas: amor verdadeiro.
4. Amor de família.
5. Amor de amigos.
6. Amor de comunidade, de todas as criaturas de Deus e do universo.
7. Amor incondicional.

1. Amor a Deus

É importante que tenhamos um amor saudável pelo Criador. Isso tem inúmeras possibilidades. Ao longo da história, a humanidade esteve em uma busca para perceber Deus, que assumiu muitas formas, contornos e estilos, dependendo das concepções individuais e culturais. Em uma mesma vida, nossa percepção do Criador está constantemente mudando e crescendo, dependendo das muitas influências do lar, da sociedade externa, da religião e, mais recentemente, da ciência moderna.

Para o ponto de vista deste livro, Deus é a aspiração mais elevada de todos nós, a luz da verdade que cada um de nós se esforça para produzir em si mesmo. E a luz de Deus transcende nossas imoralidades e inconsistências humanas com o perdão amoroso da aceitação.

Claro que há aqueles que escolhem não acreditar em Deus. Nossa compreensão limitada da essência amorosa do Criador pode causar esse mal-entendido. Muitas pessoas também se veem em um relacionamento de "pai opressor – filho zangado" com Deus. Alguns culpam Deus por todas as coisas difíceis da vida, assim como alguns filhos fazem com seus pais. Este é só um dos muitos cenários relacionados a Deus no qual as pessoas desperdiçam sua preciosa energia.

É importante perceber como você se sente em relação a Deus, porque é assim que você se sente em relação a si mesmo. A razão pela qual digo isso é porque sinto que somos centelhas de Deus, e isso nos torna uma parte da essência divina. Aceitar esse conceito faz com que nos comportemos com maior consideração no que diz respeito a nós mesmos e aos outros.

É por isso que é importante explorar como você se sente a respeito do assunto Deus, e quais são suas crenças a respeito d'Ele. Depois de liberar e substituir as crenças negativas em relação a Deus, você pode prosseguir para aprender como "amar a si mesmo".

2. Amor a si mesmo

O amor por si mesmo surge quando você aprende a se conectar com o Criador. E quando você se ama, perdoa o que percebe como suas deficiências. O perdão a si mesmo é muito importante, pois se relaciona ao autocrescimento. Tornar-se coerente e em equilíbrio com seu mundo interior é uma etapa vital no caminho da autodescoberta.

Amar a si mesmo também significa que você não permite que outros tirem vantagem de você. Aprende a dizer "não" às pessoas em sua vida que não são para o seu bem maior e mais elevado.

Aqui, novamente, é importante explorar como você se sente a respeito de si mesmo e quais são suas crenças enraizadas sobre você. Essas são as duas primeiras etapas para manifestar sua alma gêmea compatível.

3. Amor entre duas pessoas: amor verdadeiro

O amor verdadeiro não acontece todos os dias. É um tesouro incrível quando duas pessoas se amam da mesma forma. O amor verdadeiro é precioso e difícil de substituir. Você nunca pode encontrar o mesmo amor verdadeiro em outra pessoa, então não pense que consegue. É precioso, nesse caso, trate-o assim.

Este livro é dedicado ao amor verdadeiro. Ele será plenamente discutido ao longo desta obra.

4. Amor pela família

Neste plano, o amor à família é estabelecido quando amamos nossos pais, nossos irmãos e nossos filhos. Para alguns curadores, o amor familiar é difícil porque, embora possam amar facilmente os filhos, os irmãos podem ser tão diferentes deles que eles podem ter dificuldade de gostar e de amá-los. Por exemplo, você pode não gostar de sua irmã, mas é importante lembrar que a ama, ou pode gostar de sua irmã, mas pode ser difícil amá-la. Para alguns curadores, o amor incondicional por um estranho pode ser mais fácil do que o amor à própria família, por causa da competição entre irmãos e do abuso desde a infância.

Aprender a gostar dos irmãos e amá-los, superando diferenças de uma vida inteira é importante para ser capaz de amar aqueles que não são seus irmãos. Muitas pessoas levam a vida inteira para equilibrar essas questões com a família, e a maioria só as resolve mais tarde na vida.

5. Amor pelos amigos

O amor pelos amigos acontece quando você cria relacionamentos com amigos dedicados. São pessoas que você pode amar, estar presente e se comunicar. Amar os amigos também é uma forma de progredir emocionalmente em direção às metas espirituais.

6. Amor pela comunidade, por todas as criaturas de Deus e pelo universo

Amor pela comunidade ocorre quando você ama as pessoas que estão na sua região e fazem parte de sua cultura. Isso pode incluir aqueles de sua religião e sua origem étnica. Para progredir espiritualmente, no entanto, devemos ter a capacidade de amar as pessoas do mundo inteiro. Então, esse amor se expandirá para incluir as criaturas do mundo, as pessoas e criaturas de outros planetas e, finalmente, todo o universo.

7. Amor incondicional

Amor incondicional é ver a verdade acerca de tudo e de todos, mas ainda assim ter amor por eles.

Para evoluir espiritualmente, é importante equilibrar todos esses tipos de amor e alcançar a paz antes de deixarmos este plano.

Para descobrir suas próprias crenças sobre o amor, experimente o seguinte exercício:

Crenças sobre o Amor

Você pode querer um relacionamento no qual a outra pessoa o ame e cuide de você, mas lembre-se de que deve saber como retribuir esse amor. Então, verifique se consegue amar e ser amado:

- Teste energeticamente o programa: "para ser amado, tenho de ser necessário aos outros".
- Se seu teste for positivo para este programa, reafirme em si mesmo:

"Eu sei como ter equilíbrio com o amor".
"Eu me amo".
"É seguro ser amado".
"Eu amo a Deus e Deus me ama".

- Teste energeticamente as seguintes crenças:

"Eu acredito que posso ser amado por outra pessoa".
"Posso receber amor de outra pessoa".
"Não há ninguém no mundo para mim".
"Eu sei como retribuir o amor que me é dado".

- Veja se você entende como é estar cercado de pessoas que pode amar e cujo amor você pode retribuir – indivíduos inteligentes e edificantes que desenvolvem seu espírito e o ajudam a se elevar, e por quem você faz o mesmo em troca.
- Instale (ou faça o *download*) "qual é a sensação" de determinado sentimento com o seguinte comando:

> "Criador de Tudo O Que É, é comandado
> ou pedido que eu entenda qual é a sensação
> de estar rodeado por pessoas que me amam."

- Veja se você entende a definição do Criador de como é estar rodeado por indivíduos inteligentes e edificantes que desenvolvem o seu espírito e o ajudam a se elevar, e por quem você faz o mesmo em troca.
- Traga a sensação e o conceito de amor do Criador em todos os níveis – física, mental, emocional e espiritualmente – baixando estes sentimentos de amor do Criador:

"Eu entendo a definição do Criador de amor".
"Eu entendo a definição do Criador de amor pelo meu corpo humano".

"Eu entendo o que é permitir que alguém me ame".
"Eu entendo o que é ter discernimento e amor".
"Eu conheço a definição do Criador de intimidade".
"Eu conheço a definição do Criador de confiar em uma alma gêmea".
"Eu sei a definição do Criador de amar uma alma gêmea".
"Eu sei que é possível ser digno do amor de uma alma gêmea compatível".
"Eu sei que mereço ter uma alma gêmea compatível".
"Eu sei como viver sem ter ciúmes desnecessários".

Esses *downloads* devem ser oferecidos ao seu parceiro para ajudá-lo a ser mais compatível com você.

Capítulo 3

Um Guia para Almas Gêmeas

Uma das razões pelas quais nós viemos para esta encarnação é compreender todos os tipos de amor – manejar as virtudes do amor. Uma delas é o completo amor de um parceiro. Esse é um relacionamento no qual aprendemos como amar outra pessoa íntima, total e completamente. Para fazer isso, precisamos do tipo adequado de alma gêmea.

Então, o que é uma alma gêmea exatamente? Há muitas ideias por aí.

Para a maioria das pessoas, uma alma gêmea é alguém que elas conheceram em outro tempo e espaço, possivelmente uma vida passada de algum tipo. Nessa vida passada, uma conexão emocional profunda foi desenvolvida, que transcendeu o físico. A memória dessa conexão, de alguma forma, sobreviveu ao processo de limpeza da morte e renasceu nesta vida. Algumas pessoas acreditam que uma alma gêmea é alguém que já amamos em outro tempo ou espaço.

Há relacionamentos de almas gêmeas como esse. Todos nós reencarnamos de vidas passadas ou, para cunhar um termo melhor, de preexistências. Alguns de nós têm memórias vagas do passado antes da vida. Podemos encontrar nossa alma gêmea e reconhecer que ainda estamos apaixonados por ela. Podemos não lembrar de tudo o que aconteceu no passado, mas os sentimentos de amor são imediatos e profundos.

Existem vários sistemas de crenças com temas compartilhados sobre amantes reencarnados. A religião hindu é uma, mas há outras que são mais sutis, escondidas da vista de todos na cultura ocidental.

Se reconhecemos alguém instantaneamente, pode ser que o conhecemos do mundo espiritual, ou ele pode ser o que chamam de "enviado do céu com um propósito".

Além disso, uma união de almas não é necessariamente uma reunião de espíritos de um tempo passado. Novas uniões de almas gêmeas espirituais estão sendo feitas aqui e agora e a energia dessas uniões brilha, dando esperança a outros exatamente da mesma forma que uma reunião de espíritos. Para as pessoas envolvidas nesse tipo de união, uma alma gêmea é alguém com quem estão sonhando agora. Elas não estão preocupadas com vidas passadas.

Acredito que uma alma gêmea pode ser alguém que, por sua disposição, personalidade, forma espiritual e física, está sintonizado conosco por algum motivo, e essa sintonia pode não ter nada a ver com vidas passadas, mas com aspectos físicos, mentais, atração emocional e espiritual que é despertada pela primeira vez.

Esse conceito nos afasta de aspectos muito espirituais da reencarnação que algumas pessoas consideram impraticáveis. Muitas pessoas, por sua natureza, simplesmente desejam estar com alguém em um relacionamento significativo, um vínculo que dure por toda a vida. Por que sentem necessidade desse tipo de relacionamento não é importante para eles, nem tentam explicar isso usando termos espirituais. O que é importante é encontrar aquela pessoa especial com quem se sentem seguros e confortáveis. Se você é esse tipo de pessoa, este livro ainda vai beneficiá-lo, já que você pode estar se impedindo de maneiras que não percebe totalmente.

Para muitas pessoas, pedir ao mundo um parceiro divino parece ser demais. Elas acreditam que é inalcançável – e assim é. Outros (que são mais analíticos) ficam confusos com a expressão "alma gêmea". Eles não têm ideia do que esse termo inexplicável significa, porque está além da sua experiência.

Mas e se você tiver várias almas gêmeas diferentes no mundo? E se cada uma dessas almas gêmeas fosse por natureza alguém por quem você pudesse se apaixonar? Você pode dizer que muitos de nós nos apaixonamos mais de uma vez, e é o que acontece. Vários de nós queremos aquela pessoa especial com quem estar, mas descobrimos que nos apaixonamos profundamente por mais de uma pessoa durante nossa vida.

Acredito que esse sentimento por uma "pessoa especial" é o certo, mas também acho que nos apaixonamos mais de uma vez porque temos mais de uma alma gêmea. Essas almas gêmeas "transitórias" nem sempre precisam ser alguém que conhecemos em uma vida passada. Podem ser alguém que, por sua natureza, tenha algo a nos ensinar, possivelmente alguém por quem nos sentimos atraídos porque compartilhamos mais de suas crenças negativas do que positivas. Chamo esse tipo de almas gêmeas de "cenouras espirituais" que nos levam à pessoa certa! Isso é uma referência a um menino sentado em uma carroça puxada por um burro. Ele segura um longo bastão ao qual foi amarrada uma cenoura que está fora do alcance do animal. À medida que o burro avança para pegar a cenoura, ele puxa a carroça para a frente, assim como uma alma gêmea de transição nos atrai para outra compatível.

Pode ser por isso que outras pessoas também se sentem atraídas por nós. Igualmente por isso que é tão importante que façamos trabalho de crença em nós mesmos, de modo que possamos estar prontos para nossa alma gêmea divina.

Como podemos distinguir todas essas almas gêmeas? Descobri que existem sete classificações essenciais de alma gêmea e um grupo chamado família de alma.

Membros de Família de Alma

Famílias de almas e almas gêmeas são pessoas cujos espíritos reconhecemos de outros lugares e épocas. Parece que os conhecemos e podemos ler suas mentes facilmente. A diferença entre família de alma e alma gêmea é que um membro da família de alma está relacionado a você em nível espiritual e uma alma gêmea não.

Uma família de alma é exatamente o que parece: a família espiritual à qual pertencíamos antes de virmos para esta encarnação. Acredito que experimentamos muitos planos de existência antes desta vida, e uma dessas existências foi quando éramos parte de uma família de almas no Quinto Plano de Existência.

Os membros da família de alma descem como indivíduos para habitar famílias físicas neste plano com missões para curar o planeta ou para acumular virtudes, mas de alguma forma eles nunca esquecem a família espiritual que deixaram para trás. Você já se sentiu como se estivesse na família errada e existisse outra à qual você realmente pertence? Pode ser por isso que você tenha esses sentimentos.

As famílias de almas têm a tendência de viajar no tempo juntas em diferentes encarnações, então alguns membros da família vão encarnar ao mesmo tempo e se encontrar. Em alguns casos, seus sentimentos e memórias os unirão em matrimônio. Mas porque são parte da mesma família de almas, não há paixão duradoura entre eles. É como um irmão e uma irmã se casando sem saber.

O ThetaHealing foi projetado para reunir famílias de almas mais uma vez. As famílias de almas são nosso sistema de suporte espiritual eterno e estão sendo reunidas para fazer o trabalho do Criador aqui na Terra. Cada família de alma tem um Conselho dos Doze que a preside, guia e auxilia seus membros. Esses conselhos estão localizados nos graus mais elevados do Quinto Plano e muitos mestres que estão aqui em missões do Quinto Plano saem de seus corpos enquanto dormem para participar delas. (Para mais sobre isso, consulte *Thetahealing: Os Sete Planos da Existência.**)

Em termos de relacionamento, a diferença entre uma alma gêmea e um membro da família de alma é que a família de alma tem energias espirituais particulares que experimentamos antes de uma forma não sensual e não sexual, mas com um amor fraterno. Portanto, se você se sente atraído por uma pessoa e sente que ela é muito familiar, mas percebe que não é compatível com ela, ela pode ser seu irmã, irmão ou amiga de alma.

Uma alma gêmea é diferente porque existe uma atração sensual e sexual entre vocês, bem como um magnetismo mental e espiritual. Algumas almas gêmeas têm se apaixonado passionalmente por muitos planos de existência. Ao longo do tempo, houve uma paixão duradoura entre elas.

Almas Gêmeas

Os sete tipos de alma gêmea são:
1. A chama gêmea
    Uma chama gêmea é alguém que é exatamente como você.
2. A alma gêmea incompatível

---

*N.T.: Publicado pela Madras Editora.

Uma alma gêmea incompatível é uma alma que você conheceu antes. Por causa disso, você sente atração emocional e física por ela, mas mesmo assim ela é incompatível com você.

3. A alma gêmea "diamante bruto"

    É uma alma gêmea que pode ser compatível com você, mas você a conheceu antes que se desenvolvessem o suficiente para um relacionamento.

4. A alma gêmea com questões pendentes

    São almas gêmeas que têm questões pendentes de um relacionamento em vidas anteriores. Elas têm a oportunidade de se encontrar novamente e reparar o carma entre si.

5. A alma gêmea compatível

    São almas gêmeas perfeitas por enquanto, mas podem evoluir separadamente.

6. A alma gêmea de vida compatível

    Almas gêmeas compatíveis têm uma conexão espiritual adicionada.

7. A alma gêmea divina parceira de vida

    Uma alma gêmea divina parceira de vida é alguém que compartilha seu tempo divino – sua missão nesta vida na Terra.

Vamos olhar para todas essas almas gêmeas com um pouco mais de profundidade.

1. A Chama Gêmea

Algumas pessoas ficam confusas ao procurar uma alma gêmea e, em vez disso, pedem ao Criador uma chama gêmea. Uma chama gêmea é alguém que é exatamente como você, e isso pode causar muito atrito entre vocês dois. Também pode ser um espelho de como você era há 20 anos, com toda a maturidade de um jovem de 18 anos. É improvável que esse relacionamento seja duradouro. Na maioria das vezes, quando encontramos uma chama gêmea, ela permanece em nossa vida por pouco tempo.

2. A Alma Gêmea Incompatível

Uma alma gêmea incompatível é alguém que você conheceu em outra época ou lugar. É fácil se apaixonar por esse tipo de alma gêmea, já que você se lembra de quanto se amaram no passado. No entanto, vocês dois agora têm uma vibração completamente diferente. Tornaram-se incompatíveis.

Uma alma gêmea incompatível pode, no entanto, ser uma "cenoura" para guiá-lo até sua alma gêmea compatível, porque ela vai lhe ensinar as qualidades que você deseja em uma alma gêmea. O universo está usando alguém para levá-lo de uma situação difícil a uma melhor.

3. A Alma Gêmea "Diamante Bruto"

Uma alma gêmea diamante é aquela que tem todas as qualificações para ser uma alma gêmea verdadeiramente compatível, mas ainda não está completamente desenvolvida.

Se você conheceu sua alma gêmea antes de ela estar totalmente desenvolvida, significa que, assim como um diamante não lapidado, será necessário algum trabalho para revelar sua clareza, qualidade e brilho. Levará tempo e paciência para que vocês sejam compatíveis. Portanto, é importante perguntar ao universo: "Quando minha alma gêmea estará pronta para mim?". Essa pergunta é especialmente importante se você está procurando por sua alma gêmea divina.

Se eu tivesse conhecido Guy dez anos antes, nenhum de nós estaria pronto para o relacionamento. Guy não estava pronto para mim cinco anos antes de nos conhecermos. Não tenho nem certeza de que ele estava totalmente pronto para mim quando nos conhecemos. Ele era meu diamante bruto, e ele era bruto! Ele estava no rancho há anos e só ia para a cidade se fosse absolutamente necessário. E ele não sabia como ter um tom de voz baixo. Isso porque seu pai era parcialmente surdo e ele precisava falar alto para ser ouvido. O homem que fica comigo na frente das aulas hoje em dia teve de treinar para modular sua voz, e ele demorou anos para fazer isso. Eu dizia a ele: "Guy, você está assustando as moças na aula". Ele também não conseguia ficar parado, porque estava acostumado a fazer trabalhos manuais. Emocionalmente, estávamos prontos um para o outro, mas por pouco.

Portanto, tenha paciência. E se o universo estiver ajudando no desenvolvimento da sua alma gêmea, de modo que ela esteja pronta para você quando a encontrar? Você pode querer conhecê-la agora, mas encontrá-la antes que esteja pronta significa apenas que vocês dois serão incompatíveis. Talvez sua alma gêmea seja como um bolo assando no forno. Se você tirá-la muito cedo, não vai dar certo.

Muitos de nós somos tão poderosos em nossas manifestações que, em nossa arrogância e impaciência, trazemos nossa alma gêmea antes que esteja pronta. Uma amiga minha manifestou sua alma gêmea, mas havia um pequeno problema – ele estava se divorciando. Então, ela teve de vivenciar o drama emocional de um homem passando por um divórcio. Esse tipo de situação não é propício para um relacionamento tranquilo.

4. A Alma Gêmea com Questões Pendentes

Um mestre é um ser espiritual que, ao longo de muitas vidas, acumulou virtudes o suficiente para se mover além desta realidade tridimensional para o que chamo de Quinto Plano de Existência. Se a qualquer momento voltam a esta realidade tridimensional, eles são conhecidos como mestres ascensionados. Muitos mestres ascensionados retornaram recentemente a esta Terra para habitar corpos humanos e para conduzir os filhos dos mestres que estão vivendo neste planeta. Geralmente, eles voltam com a missão de ajudar a humanidade.

Porque os mestres ascensionados estiveram aqui muitas vezes em diferentes encarnações, eles têm a oportunidade de encontrar almas que conheceram em outras épocas e lugares. Elas podem ser das suas famílias de alma no Quinto Plano ou de vidas anteriores.

Se os mestres tiverem alguma energia não resolvida com qualquer uma dessas almas, quando eles se encontrarem novamente, terão a oportunidade de esclarecer as questões. No entanto, quando um mestre encontra alguém e tem a sensação de que algo precisa ser esclarecido, não é obrigatório que o faça. É uma questão voluntária e o problema precisa ser esclarecido pela outra pessoa também.

Filhos dos mestres, que constituem o resto da população de almas da Terra, foram enviados a este plano para aprender e crescer. Eles são seres tridimensionais e vivem muitas vidas resolvendo o carma de vidas negativas. Também podem ter negócios pendentes de um relacionamento de vidas anteriores. Nesse caso, eles terão a oportunidade de encontrar a pessoa novamente em sua próxima vida e reparar o carma entre si. Em muitos casos, as pessoas se relacionam para corrigir o carma e, quando ele é eliminado, elas superam o relacionamento e seguem em frente.

Isso explica por que alguns de nós temos mais de uma alma gêmea na vida. Por exemplo, fui casada quatro vezes. (Sim, tenho um marido para cada direção!) Parte do motivo pelo qual me casei com essas pessoas foi porque, em um nível superior, havia energia não resolvida com elas de outra época e de outro lugar. Isso não significa necessariamente que havia negócios inacabados apenas da minha parte; pode ter sido mais por parte da outra pessoa.

Parte do motivo pelo qual me divorciei de três desses homens foi porque essa energia inacabada entre nós foi resolvida. A outra razão pela qual essas pessoas entraram em minha vida foi porque todas as experiências da existência são importantes em um nível que, a princípio, podemos não compreender completamente. Cada um deles me ensinou coisas sobre mim e me ajudou a alcançar uma consciência mais elevada. Por mais difíceis que fossem alguns dos relacionamentos, à sua maneira eles me ajudaram a despertar como uma pessoa espiritual.

5. A Alma Gêmea Compatível

Uma alma gêmea compatível é alguém que ama e entende você. Elas são compatíveis com a sua personalidade, mas isso não significa que sejam fáceis de conviver. Os curadores, em particular, nunca parecem ser compatíveis com alguém que é muito "fácil", porque eles parecem ficar entediados "facilmente". Precisam de alguém que se envolva, converse e interaja com eles, e os estimule.

Além disso, uma alma gêmea compatível é alguém compatível com quem você é agora. São compatíveis com a vibração que você está ancorando neste momento particular da sua vida. Assim, você pode crescer espiritualmente a passos largos, daí pode querer pedir por alguém que cresça com você – uma alma gêmea de vida compatível.

6. A Alma Gêmea de Vida Compatível

Uma alma gêmea de vida compatível ou parceiro de vida compatível é alguém que passa a vida e cresce com você espiritual e mentalmente. Compartilham mais crenças positivas com você do que negativas e são atraídas por você por causa disso. Elas encorajam o seu crescimento como pessoa.

Um dos objetivos que temos como alma nesta existência é encontrar um parceiro de vida ou o amor verdadeiro com aquela pessoa especial que nos segue de existência em existência.

As almas gêmeas compatíveis têm uma profunda afinidade e são adequadas entre si em termos de temperamento. Pode ser que alguns de seus interesses sejam diferentes, mas o vínculo que elas têm é de natureza divina.

A união de duas pessoas que são harmoniosas em suas disposições, pontos de vista, sensibilidade de uma para a outra e para o mundo ao seu redor cria uma energia agradável, comovente e duradoura além desta vida.

Acredito que uma alma gêmea compatível é alguém que, por algum motivo inexplicável, conhece você total e completamente de uma forma que as palavras não podem expressar com facilidade. Para mim, isso é o que uma alma gêmea deve ser. Ao conhecê-la, você a identifica imediatamente como alguém que conheceu antes, mas não sabe por quê. Há uma sensação de *déjà-vu*, como se você já tivesse passado por essa circunstância. Você aprecia a maneira como ela se move, reconhece a energia que emerge de seus olhos. Parece vir de outro lugar e época. E junto a esse reconhecimento de alma, você tem uma atração forte e intensa por ela. Esses sentimentos espirituais não são facilmente explicados na palavra escrita.

Um relacionamento de alma gêmea tem tudo a ver com a energia de uma pessoa. Somos atraídos pela energia dela tanto quanto pela aparência. Somos encantados por elas como um ímã. A alma é magnética por natureza, assim como o campo magnético da Terra. Somos um pequeno mundo e magneticamente atraídos por aqueles que são oposto na polaridade, não apenas (geralmente) por causa de seu gênero, mas também por causa de sua vibração. Quando você está manifestando uma alma gêmea, deve manifestar-se atraído por uma energia que seja igual ou até mesmo um pouco superior à sua.

Seja extremamente cuidadoso ao pedir uma alma gêmea. Saiba exatamente o que você está pedindo para que reconheça a pessoa quando encontrá-la (falaremos mais sobre isso depois), e sempre peça por alguém que seja compatível com você.

Não será aquele que é perfeito para você em todos os sentidos. Qualquer relacionamento é uma energia que requer estímulo e muito dar e receber para mantê-lo vivo. Esse é outro motivo pelo qual você precisa estar preparado para que uma alma gêmea entre em sua vida.

Existe uma forma adequada de encontrar sua alma gêmea mais compatível: permitindo que ela o encontre e que o universo lhe atenda. Entendo que muitas pessoas não conseguem encontrar sua alma gêmea simplesmente porque estão procurando muito.

Quando você realmente conhece e ama a si mesmo, está pronto para uma alma gêmea compatível, mas isso não significa que ela esteja pronta para você. Todos estamos evoluindo em velocidades diferentes. No entanto, acredito que exista alguém para cada um de nós.

Antes de encontrar sua alma gêmea mais compatível, você terá uma sensação avassaladora e profunda de solidão. Esse é um bom indicador de que alguém especial está na virada da esquina.

Mas lembre-se de que qualquer alma gêmea, mesmo uma compatível, apenas complementa você. Ninguém pode torná-lo completo; você deve ser completo por conta própria. Se não for uma pessoa completa por si mesma, não terá nada a oferecer para um relacionamento.

7. A Alma Gêmea Parceira Divina de Vida

A Alma Gêmea Parceira Divina de Vida, ou alma gêmea divina, é mais do que uma alma gêmea compatível. Ela é alguém que já dominou esta existência antes e compartilha seu tempo divino, sua missão nesta encarnação, com o parceiro dela. Minha atual relação de alma gêmea é com meu parceiro divino de vida. Digo isso porque ele compartilha minha visão e tem o mesmo tempo divino que eu. Isso também significa que ele não vai interferir no meu tempo divino.

Todos neste Terceiro Plano têm um tempo divino, um propósito, para cada vida. É isso que viemos realizar aqui. Muitos de nós dominamos as virtudes e outros mudaram o curso da evolução do planeta de alguma forma.

Um filho dos mestres geralmente domina várias virtudes em uma vida e as carrega para a próxima em uma espiral constante de aprendizados de vida em vida, até que ascenda ao Quinto Plano e escape desta terceira dimensão.

O tempo divino de um mestre é diferente porque eles estão aqui para elevar a consciência dos seus filhos. Cada um deles está aqui para estimular a consciência de dez a 15 filhos que vão então mudar a consciência de milhões de pessoas.

Algumas pessoas podem cumprir sua missão do tempo divino por si mesmas. Mas muitos de nós temos a sensação de que não queremos ficar sozinhos. Você sabe por quê? Não fomos feitos para cumprir nossa missão sozinhos. Fomos feitos para realizá-la com ajuda e apoio de uma pessoa especial. Isso significa que parte de nossa missão é aprender a dar totalmente nosso amor a uma pessoa.

Muitos mestres têm um parceiro divino de vida que os ajuda a alcançar seu propósito de existência. Alguns fizeram acordos para realizar algo especial nesta vida com essas pessoas, essa é sua razão de ser. Qualquer pessoa que atrapalhar a missão deles será tirada para fora do caminho, e isso inclui almas gêmeas que não compartilham da visão.

A maioria das pessoas de natureza espiritual não está procurando uma alma gêmea compatível, mas alguém com quem compartilhar seu tempo divino. Obviamente, essa é uma pessoa especial.

Às vezes, encontrá-la pode ser uma tarefa complicada. Mas, quando duas almas estiveram juntas como seres do Quinto Plano, elas se procurarão quando entrarem em uma encarnação humana. Existe uma assinatura de energia específica que estão procurando. Elas parecem saber a aparência daquela pessoa e, se compartilham o mesmo caminho, é quase inevitável que se encontrem.

Sei que Guy e eu fomos designados para ficar juntos e compartilhar uma missão. Acredito que, quando nos conhecemos, os céus se abriram e nos lembramos um do outro e nos apaixonamos novamente. Também acho que fadas ou anjos nos céus cuidam de nós para que possamos cumprir nosso tempo divino. Cada vez que entramos em uma briga, o alarme dispara, dizendo às fadas que é hora de os céus se abrirem para nos borrifar com o pó do amor novamente e nos esquecemos de por que estamos brigando. Acredito que, quando passarmos desta vida, descobriremos quantas vezes fomos "borrifados" – provavelmente centenas de vezes!

Capítulo 4

Trabalho de Crença em Alma Gêmea

Um dia eu estava fazendo uma leitura com uma linda mulher que reclamava a mim que nenhum homem a quereria porque ela tinha cinco filhos. Ela disse: "quem vai querer a responsabilidade de cinco crianças?".

A próxima leitura que fiz no mesmo dia foi com um belo homem que estava reclamando sobre sua vida e ele me disse isto: "eu vivi a minha vida me tornando financeiramente estável e senti falta da alegria de uma família. Eu preciso de uma mulher gentil que tenha filhos e que possa se interessar em ter mais. Você pode me dizer como encontrá-la?".

Eu pensei comigo mesma: "ela acabou de sair por aquela porta!".

Cada uma dessas pessoas tinha o que o outro queria, mas elas não conseguiam se encontrar porque não acreditavam que aquela pessoa existia. Se você acha que encontrar uma alma gêmea é impossível, essa pessoa especial pode estar parada em pé na sua frente e você nunca vai encontrá-la por causa das suas *crenças*.

O trabalho de crença estava começando a se desenvolver quando eu e Guy iniciamos o namoro. Por causa de questões que surgiram entre nós, ele foi em parte projetado de modo que pudemos ter um relacionamento de sucesso. Ele salvou meu casamento muitas vezes, porque eu não sabia como ser casada.

Parte da razão para isso era por causa das situações traumáticas que eu tinha vivido em relacionamentos. Eu gostava da ideia de casamento, mas não sabia como receber amor. Em virtude disso, as pessoas com as quais eu estava em um relacionamento sempre falhavam a respeito do que eu esperava. Quando baixei: "como é receber amor de um homem", percebi que cada um dos homens na minha vida me amou, mas eu era incapaz de aceitar o amor deles.

Acho que isso acontecia porque a maneira como eles agiam comigo não era a que eu esperava. Um dos maiores desafios em relacionamentos é não falarmos à outra pessoa o que esperamos dela; só presumimos que ela saiba e aja a partir disso. E é claro que ela não sabe!

Muitos de nós podem ter programas profundamente enraizados e crenças que estão trabalhando contra nós para encontrar uma alma gêmea. Isso significa que estamos sempre procurando por uma alma gêmea, mas nunca manifestamos uma porque estamos, no subconsciente, impedindo a nós mesmos de finalmente encontrá-la.

Outro cenário é que nós na verdade encontramos uma alma gêmea, mas não queremos viver com ela. Você sabe quanto é difícil viver com outra pessoa, especialmente se viveu sozinho por um tempo? Ela vai coçar a bunda e arrotar depois de comer!

Se você tem programas ocultos e está em um relacionamento com alguém, pode ser difícil manter um relacionamento de sucesso porque vai brigar com a pessoa ou criar um cenário de sabotagem de modo que ela não se aproxime tanto. E se você baixar sua guarda e ela o abandona? E se ela morrer, deixando você sozinho?

Não se sinta mal se você tiver esses sentimentos. A maioria das pessoas tem. Muitas pessoas que estão buscando uma alma gêmea preferem procurar do que encontrar uma. Outras têm sistemas de crenças ocultos que as paralisam antes mesmo que elas comecem.

Crenças de Almas Gêmeas

Aqui estão algumas crenças para testar energeticamente relacionadas a sexo, relacionamentos, autoimagem e almas gêmeas. Compreenda que essas crenças são uma linha de base para outras que você pode ter escondidas em sua mente subconsciente. Pode ser que essas outras crenças se revelem no processo de trabalho da crença e podem ser de natureza genética.

Substitua as crenças que não estão servindo a você pelas que são de natureza positiva. Por exemplo, substitua: "Preciso ser necessário para me sentir protegido" por "Estou protegido". (Há um pequeno guia para o trabalho de crença e sentimento no capítulo 1. Para um guia mais detalhado, consulte *ThetaHealing – Introdução a um Extraordinaria Técnica de Transformação Energética* e *ThetaHealing Avançado*.*)

---

*N. T.: Livros já citados e publicados pela Madras Editora.

Em muitos casos, seu subconsciente começará a substituir essas crenças antigas automaticamente, quando compreender que elas não lhe servem.

Sexo

Crenças para fazer teste muscular:
- "Meu poder pertence a outros".
- "Sou propriedade de outros".
- "Tenho de fazer sexo para me sentir bonito(a)".
- "Tenho de me abster de sexo para me sentir seguro(a)".
- "É seguro mostrar minhas emoções quando sinto desejo".
- "Sexo é mau – sujo".
- "Sou um sacrifício sexual".
- "Tenho de desistir do meu corpo para satisfazer os outros".
- "Eu uso meu corpo para me machucar e machucar os outros".
- "Tenho de me cortar para saber que posso sentir – que estou vivo(a)".
- "Só posso sentir prazer sexual se estiver machucado(a)".
- "Tenho de ficar congelado(a) para ser sexual".
- "Eu tenho de ser submisso(a) ao ser sexual".
- "Eu tenho de ser dominante ao ser sexual".
- "Nunca poderei estar sexualmente satisfeito(a)".
- "Eu uso meu corpo como um escudo contra a invasão dos outros".
- "Eu tenho de fazer sexo o tempo todo".
- "É meu dever fazer sexo".
- "É normal mostrar emoções durante o sexo".
- "Os homens só me querem para sexo".
- "As mulheres só me querem para sexo".
- "Sexo é ruim".
- "Sexo é mau".

- "Sexo é amor".
- "Intimidade e sexo são a mesma coisa".
- "Eu sou uma vítima".
- "É errado fazer sexo".
- "Posso estar com um parceiro sexual e estar perto de Deus".
- "Ser amado(a) traz uma onda de hormônios em meu corpo".
- "Tudo bem se sentir sensual e sexy e ainda ter um bom discernimento".
- "Eu mereço uma alma gêmea".
- "Não importa o que eu faça, é impossível encontrar minha alma gêmea".
- "Tenho de ser virgem para que alguém me queira".
- "Sou impuro(a) porque fiz sexo".

Autoimagem

- "Eu sou feio(a)."
- "Eu tenho cabelo feio."
- "Tenho dentes feios."
- "Eu tenho um corpo feio."
- "Estou sozinho(a) no mundo."
- "Eu sou desinteressante."
- "Sou muito emotivo(a) para que alguém me compreenda."
- "Eu me conheço."
- "Eu reclamo o tempo todo."
- "Eu sei o que quero em um(a) companheiro(a)."
- "Quero pessoas que estão fora do meu alcance."
- "Ninguém de que gosto se sente atraído por mim."
- "Sou atraída(o) por homens difíceis."
- "Sou atraído(a) por mulheres difíceis."
- "Os homens só me querem por dinheiro."

- "As mulheres só me querem por dinheiro."
- "Eu atraio homens abusivos."
- "Eu atraio mulheres abusivas."
- "Mulheres selvagens são as mais interessantes."
- "Homens selvagens são os mais interessantes."
- "Fico entediado(a) com mulheres legais."
- "Fico entediado(a) com homens legais."
- "Eu fico entediado com uma pessoa só."
- "Pessoas apaixonadas são difíceis."
- "Se eu for feliz em um relacionamento, morrerei."
- "Odeio dividir dinheiro com um(a) novo(a) companheiro(a)."
- "Dinheiro é sempre um problema."
- "Tenho que ser independente em tudo o que faço."
- "É mais seguro ficar sozinho(a)."
- "Sou mais forte estando sozinho(a)."
- "Ninguém vai me ver."
- "Ninguém vai me amar."
- "Quando estou apaixonado(a) por alguém, essa pessoa é minha propriedade."
- "Sou um escravo(a) nos relacionamentos."
- "Sou compulsivo(a) em relacionamentos."
- "Ninguém consegue me amar o suficiente."
- "Eu sufoco meus(minhas) companheiros(as)."
- "Sou muito ciumento(a) em meus relacionamentos."
- "Se eu me apaixonar, nunca vou me recuperar."
- "Um amor é muito exigente."
- "Eu odeio intimidade."
- "Eu magoo qualquer pessoa que me ame."
- "Para estar perto de Deus, tenho de estar sozinho(a)."
- "Tenho de perder peso."

- "Mereço um(a) companheiro(a) estável."
- "Tenho de dominar meu(minha) parceiro(a)."
- "Meu(minha) parceiro(a) romântico(a) tentará me controlar."
- "Meu(minha) parceiro(a) romântico(a) tentará controlar meus amigos."
- "Meus amigos vão tentar roubar minha(meu) companheira(o)."
- "Sou atraído por pessoas mentalmente doentes."
- "Pessoas mentalmente doentes são atraídas por mim."
- "Relacionamentos românticos terminam em tragédia."
- "Meus relacionamentos são como o relaciomento dos meus pais."
- "Meus relacionamentos terminam em divórcio."
- "Meu(minha) parceiro(a) vai me trair."
- "Sou atraído(a) por pessoas incompatíveis."
- "Sou atraído(a) por pessoas como meu pai."
- "Sou atraído(a) por pessoas como minha mãe."
- "Sinto-me atraído(a) por pessoas como meu ex-marido/ex-esposa/ex-parceiro."
- "Sou atraído(a) por pessoas instáveis."
- "Sou casado(a) com meus pais."
- "Todas as mulheres são iguais."
- "Todos os homens são iguais."
- "Todas as mulheres são trapaceiras."
- "Todos os homens são trapaceiros."
- "Eu odeio o sexo oposto."
- "Eu odeio homens."
- "Eu odeio mulheres."
- "Eu sou uma misandrista [que repudia homens]."
- "Eu sou um misógino [que repudia mulheres]."
- "Eu odeio relacionamentos."
- "Quero evitar compartilhar meus filhos."

- "Minha família vai destruir meu relacionamento."
- "Meus filhos vão destruir meu relacionamento."
- "Homens aceitarão meus filhos." (Se você tiver filhos.)
- "Mulheres aceitarão meus filhos." (Se você tiver filhos.)
- "Meus sentimentos sobre meus relacionamentos anteriores são estáveis."
- "Não há ninguém no mundo para mim."
- "Bons homens virão até mim."
- "Boas mulheres virão até mim."
- "Há muitas pessoas maravilhosas por aí."
- "Alguém pode me amar."
- "Eu posso receber amor de outra pessoa."
- "Homens bonitos são superficiais."
- "Mulheres bonitas são superficiais."
- "Eu sou completo(a) sem minha alma gêmea."

Medo

- "Eu tenho medo de compartilhar meu ser inteiro com outra pessoa."
- "Eu tenho medo de deixar alguém me conhecer."
- "Eu tenho medo de permitir alguém me amar."
- "Eu tenho medo de doar demais."
- "Tenho medo de começar de novo."
- "Sou velho(a) demais para encontrar o amor."
- "Eu tenho medo de cuidar de outra pessoa."
- "Eu quero que minha alma gêmea ame só a mim."
- "Eu tenho algo a oferecer em um relacionamento duradouro."
- "Eu sou amável."
- "É importante para alguém me amar."
- "Deus me decepciona quando tenho muitas esperanças."

- "Eu me puno pelos meus erros."
- "Tenho de desistir de quem sou para estar em um relacionamento."
- "Tenho de abdicar da minha identidade para estar em um relacionamento."

Ressentimento

- "Eu me ressinto por não poder estar com minha alma gêmea mais compatível."
- "Minha alma gêmea chegou tarde demais na minha vida e estou com outra pessoa."
- "Eu me ressinto por ter de estar com alguém que não é minha alma gêmea."
- "Eu me ressinto por ter de ficar sozinho(a) para completar a missão da minha vida."
- "Eu me ressinto por não estar com minha alma gêmea porque almas gêmeas são uma mentira – não há ninguém no mundo para mim."

Tragédia

- "Relacionamentos terminam em tragédia."
- "Se eu amar alguém completamente, haverá uma tragédia."
- "Se eu encontrar minha alma gêmea, haverá uma tragédia."
- "O amor verdadeiro termina em tragédia."

Divórcios Energéticos de Relacionamentos Passados

Muitas pessoas têm a crença oculta de que são casadas com outra pessoa, mesmo quando estão separadas ou fisicamente divorciadas dela. Essa crença pode estar profunda na mente subconsciente, que ainda acredita que esse programa é algo bom para se ter!

Você não precisa ser casado com uma pessoa para estar profundamente conectado com ela nessa forma. Muitas pessoas se prendem a outras que, em um nível inconsciente, acreditam que estão casadas com elas, mesmo quando não há vínculo físico, contrato ou cerimônia entre si.

Você ficaria surpreso com a quantidade de pessoas que não romperam seus compromissos energéticos com um amor passado. Teste energeticamente as crenças a seguir no que se refere ao casamento. Particularmente se você for divorciado, faça o teste energético para ver se se sente livre de um compromisso com o parceiro anterior. Faça o teste energético para ver se você é casado com sua família, seu ex-namorado ou um ex-cônjuge. Mentalmente, faça uma lista de todos em seu círculo social. Até mesmo seus compromissos com seus pais e filhos podem ser percebidos pela mente inconsciente como um voto de casamento, e isso precisa ser liberado para que você possa trazer um relacionamento romântico para sua vida. Observe todos os seus relacionamentos anteriores e seu apego energético a eles.

Se você testa energeticamente que é casado com Deus, libere essa energia e substitua por crenças saudáveis no que concerne a Deus e sua religião. Por exemplo, você deve sentir um amor por Deus e pela religião que ainda deixe espaço para que tenha uma alma gêmea.

A seguir, algumas sugestões para substituições da energia antiga por novas crenças. Ainda que elas não sejam para você, dar-lhe-ão uma ideia do que substituir na velha energia.

- "Eu sou casado(a) com Deus."

    Substitua por "Eu sou conectado(a) a Deus".

- "Eu sou casado(a) com a minha religião."

    Substitua por "Eu amo minha religião".

- "Eu sou casado(a) com minha terra (propriedade, imóvel, casa, fazenda, etc.)."

    Substitua por "Eu dou e recebo cura da terra".

- "Eu sou casado(a) com minha casa."

    Substitua por "Eu possuo minha casa da maneira melhor e mais elevada".

- "Eu sou casado(a) com meus filhos."
  Substitua por "Eu amo meus filhos da maneira melhor e mais elevada".
- "Eu sou casado(a) com meus pais."
  Substitua por "Eu amo meus pais da maneira melhor e mais elevada".
- "Eu sou casada(o) com meu ex-marido."
  Substitua por "Estou livre do meu ex-marido".
- "Eu sou casado(a) com minha ex-mulher."
  Substitua por "Estou livre da minha ex-mulher".
- "Eu sou casada(o) com meu ex-namorado."
  Substituído por "Estou livre do meu ex-namorado".
- "Eu sou casado(a) com minha ex-namorada."
  Substitua por "Estou livre da minha ex-namorada".
- "Eu sou casado(a) com uma memória mágica do meu primeiro amor."
  Substitua por "Eu posso amar novamente".
- "Eu sou casado(a) com minha carreira."
  Substitua por "Eu entendo como criar equilíbrio na minha vida da maneira melhor e mais elevada".

Sentimentos e *Downloads*

A seguir, estão alguns sentimentos sugeridos para *download* para você a partir do Criador. Esses sentimentos podem mudar a maneira como você se sente a respeito de si mesmo para tornar mais fácil encontrar uma alma gêmea. Suba pela meditação do Sétimo Plano (ver capítulo 1) e comande cada *download*.

Questões de Intimidade

- "Eu sei como ser íntimo."
- "Eu sei como é ser íntimo."

- "Eu tenho a definição de intimidade do Criador."
- "Eu sei como ser nutrido."
- "Eu sei como é ser nutrido."
- "Eu sei como ser ouvido."
- "Eu sei como é ser ouvido."
- "Eu sei como ouvir minha alma gêmea."
- "Eu sei como é ouvir meu (minha) companheiro(a)."

Relacionamentos e Almas Gêmeas

- "Eu sei o que é viver meu dia a dia sem ser vitimizado(a)."
- "Eu tenho a definição do Criador de como é receber e aceitar o amor de uma alma gêmea."
- "É bom me sentir sexual, sensual e sexy e ainda ter um bom discernimento."
- "Tenho a definição do Criador de como é desfrutar do sexo com minha alma gêmea."
- "Eu sei como receber e aceitar o amor de uma alma gêmea."
- "Eu sei como me amar."
- "Eu sei como me comunicar com alguém por quem estou apaixonado(a)."
- "Eu entendo a definição do Criador de uma alma gêmea."
- "Eu conheço a definição do Criador do que é um casamento."
- "Eu conheço a definição do Criador de confiar em uma alma gêmea."
- "Eu conheço a definição do Criador do que é amar uma alma gêmea."
- "Eu sei que mereço ter uma alma gêmea compatível."
- "Eu sei que é possível ser digno(a) do amor de uma alma gêmea compatível."
- "Eu sei como viver sem ter ciúmes."

- "Eu sei como ser a pessoa desejada."
- "Eu entendo como é estar com minha alma gêmea mais compatível."
- "Eu sei quem é a pessoa certa para mim."
- "É possível ter uma alma gêmea compatível."
- "Eu conheço a diferença entre amor verdadeiro e atração sexual."
- "Estou pronto(a) para minha alma gêmea mais compatível."
- "Eu sei como me preparar para minha alma gêmea."
- "Eu sei como viver meu dia a dia com outra pessoa."
- "Eu conheço a perspectiva do Criador de Tudo O Que É do que é uma alma gêmea."
- "Eu sei que é possível ter uma alma gêmea."
- "Eu sei como reconhecer minha alma gêmea mais compatível."
- "Eu vou me tornar uma alma gêmea amorosa."
- "Eu entendo como deixar as energias de relacionamentos passados para trás."
- "Eu entendo como tratar outra pessoa com respeito."
- "Eu sei como me comunicar com meu parceiro."
- "Eu entendo como ter um amor por um parceiro que é inspirado pelo divino."
- "Eu sei como despertar o melhor de uma pessoa."
- "Eu sei como abrir meu coração para a pessoa certa."
- "Eu sei como ser dedicado(a) em um relacionamento."
- "Eu sei como receber dedicação da minha alma gêmea."
- "Eu entendo como é expressar meus sentimentos para outra pessoa em um relacionamento."
- "Eu sei quando expressar meus sentimentos em um relacionamento."
- "Eu sei como expressar meus sentimentos em um relacionamento."

- "Eu entendo como é ser visto(a) como bonito(a) pela minha alma gêmea."
- "Eu sei como deixar minha verdadeira beleza brilhar para aquela pessoa especial."
- "Eu entendo como é ser apreciado(a) por outra pessoa."
- "Eu entendo a definição de amor por meio do Criador de Tudo O Que É."
- "Eu entendo como é amar um homem/mulher."
- "Eu entendo a definição de ser amado(a) por meu(minha) companheiro(a) por meio do Criador de Tudo O Que É."
- "Eu entendo o que é ser amado(a) pelo meu(minha) companheiro(a)."
- "Eu sei quando ser amado(a) pelo(a) meu(minha) companheiro(a)."
- "Eu sei como ser amado(a) pelo(a) meu(minha) companheiro(a)."
- "Eu sei como viver meu dia a dia sendo amado(a) por meu (minha) companheiro(a)."
- "Eu conheço a perspectiva do Criador de ser amado(a) por meu(minha) companheiro(a)."
- "Eu sei como é ter um relacionamento baseado no amor."
- "Eu sei como é viver sem desistir de quem sou para estar em um relacionamento."
- "Eu sei como é viver sem ter de desistir da minha identidade para estar em um relacionamento."
- "Eu sei como amar alguém completa e totalmente."
- "Eu sei como dar amor."
- "Eu sei como manejar confrontos da maneira melhor e mais elevada."
- "Eu sei como viver sem temer a vida."
- "Eu sei como viver sem culpa nos relacionamentos."
- "Eu sei que é possível ser amado(a) pelo(a) meu(minha) companheiro(a)."

- "Eu sei como ser flexível em um relacionamento."
- "Eu entendo o que é estar seguro(a) com um(a) parceiro(a)."
- "Eu sei como viver com alguém sem dominá-lo(a)."
- "Eu sei como ter um relacionamento sem repetir relacionamentos anteriores."
- "Eu sei como ter um relacionamento sem fazer de alguém meu pai."
- "Eu sei como ter um relacionamento sem fazer de alguém minha mãe."
- "Eu sei como manter meu relacionamento com minha alma gêmea."
- "Eu entendo o que é amar minha alma gêmea por quem ela é."
- "Eu sei como amar minha alma gêmea pelo que, quem e por tudo que ela pode ser."
- "Eu entendo o que é ser dedicado(a) a uma alma gêmea."
- "Eu entendo o que é ser ouvido(a) pela minha alma gêmea."
- "Eu sei como trazer minha alma gêmea ao seu mais alto potencial."
- "Eu sei como criar abundância por meio da energia do meu relacionamento com minha alma gêmea."
- "Eu sei como é compartilhar todo o meu ser com outra pessoa."
- "Eu sei como manifestar uma alma gêmea nesta vida."
- "Eu sei como ter meu companheiro(a) divino(a) de vida mais compatível."
- "Eu sei como viver meu dia a dia sem me oferecer ou me prostituir."
- "Eu sei como viver sem dar meu poder aos outros."
- "Eu conheço a diferença entre meus sentimentos/pensamentos/crenças/opiniões/ideias/comportamentos e os de outra pessoa."
- "Eu sei como separar meus sentimentos/pensamentos/crenças/opiniões/ideias/comportamentos dos de outra pessoa."
- "Eu sei o que é estar conectado(a) comigo mesmo(a)."

- "Eu sei como é e como estar conectado a outras pessoas sem usar a energia delas de forma inadequada."
- "Eu tenho a definição do Criador do que é independência."
- "Eu sei como é e como ser interdependente."
- "Eu sei como é estar vivo e sentir sem me machucar de qualquer forma."
- "Eu sei como é, como e quando ter desejos da melhor e mais elevada maneira."
- "Eu sei que é seguro ter desejos sexuais."
- "Eu entendo como honrar minha sexualidade sem sentir a necessidade de oferecê-la."
- "Eu sei como me sentir poderoso(a) da melhor e mais elevada maneira enquanto tenho desejos sexuais."
- "Eu sei o que é me sentir equilibrado(a) e gostar de ter desejos sexuais."
- "Eu sei que o Criador de Tudo O Que É me protege quando tenho desejos sexuais."
- "Eu sei como é e como fazer ser seguro mostrar minhas emoções quando tenho desejos sexuais."
- "Eu sei como e quando expressar meus pensamentos e verdades enquanto tenho desejos sexuais da melhor e mais elevada maneira."
- "Eu sei como é e como desfrutar de ter desejos sexuais da melhor e mais elevada maneira."

Trabalho de Crença na Prática

A seguir, apresento a transcrição de uma sessão de trabalho de crenças que conduzi com um homem em uma aula. Isso lhe dará uma ideia das crenças ocultas que muitas pessoas têm sobre os relacionamentos.

Vianna: Se você pudesse manifestar mudanças na sua vida e criar seu futuro, o que você criaria?

Homem: *Eu criaria uma situação em que viajasse e desse muitos cursos. Eu também criaria livros.*

Vianna: Você vê o conteúdo desses livros?

Homem: *Não.*

Vianna: Você vê para onde está viajando?

Homem: *Eu me vejo na Inglaterra e na Índia.*

Vianna: O que mais você manifestaria?

Homem: *Casas realmente lindas.*

Vianna: Ok, então feche os olhos e imagine-se em uma dessas casas lindas. Imagine-se vivendo naquele mundo de viagens e ensino, e em sua casa favorita. Qual é a pior coisa que poderia acontecer com você nesta manifestação?

Homem: *Ter de sair de casa quando estou viajando. Sinto um sentimento de tristeza quando penso nisso.*

Vianna: Então você tem essa linda casa e está viajando pelo mundo todo. Por que você está triste?

Homem: *Acho que é porque acredito que a casa é um santuário de paz, mas tenho de sair para fazer o que tenho de fazer.*

Vianna: Então é um fardo fazer todas essas coisas que você quer fazer?

Homem: *Não, eu gosto, mas é uma espécie de faca de dois gumes. Gosto de fazer as coisas, mas, quando estou fora, não posso estar no meu santuário.*

Vianna: Ok, então qual é a pior coisa que aconteceria com você se recebesse essa manifestação?

Homem: *Eu não entendo. Estou simplesmente sentado em casa chorando.*

Vianna: Essa manifestação não o está deixando feliz. Por que não está fazendo você feliz?

Homem: *Não sei.*

Vianna: Feche os olhos e volte à manifestação. O que todo mundo à sua volta pensa sobre seu sucesso? O que eles acham disso?

Homem: *Eles se sentem desconectados de mim.*

Vianna: Você se desconectou deles?

Homem: *É verdade, eu me desconectei.*

Vianna: Você está sozinho naquela casa grande e bonita?

Homem: *Sim, acho que sim.*

Vianna: É por isso que você está chorando? Feche os olhos e pense por um minuto. Você tem duas lindas casas para tomar conta e está viajando. Qual é a sensação de estar nesta realidade?

Homem: *Parece solitário.*

Vianna: Então você está sozinho. Não há ninguém com quem compartilhar essa realidade?

Homem: *Não estou vendo ninguém para mim, sinto muito.*

Vianna: Então, isso significa que as pessoas que estavam na sua vida agora não estão mais? Elas se desconectaram completamente de você por causa do seu sucesso?

Homem: *Parece que a maioria delas não consegue mais se relacionar comigo.*

Vianna: Você quer essas pessoas na sua vida?

Homem: *Algumas delas.*

Vianna: Você perdeu todas ou apenas algumas?

Homem: *Eu perdi algumas delas. Outras ainda estão ao redor, mas têm suas próprias vidas e não têm tempo para mim.*

Vianna: Você está vivendo seu sonho, mas está sozinho. Repita depois de mim: "Se eu viver meu sonho, estarei sozinho".

Homem: *Se eu viver meu sonho, ficarei sozinho.* (Ele testa "sim".)

Vianna: Parece que você tem esse programa. Repita depois de mim: "Se eu tiver abundância, ficarei sozinho".

Homem: *Se eu tiver abundância, ficarei só.* (Ele testa "sim".)

Vianna para os alunos: Não estou liberando nenhum desses programas no momento, estou só conversando com ele sobre esses tópicos. Se eu começar a liberá-los ao acaso, nunca vou encontrar a crença-raiz.

Vianna para o homem: Então, agora temos algo para focar. O que vou fazer agora é descobrir por que você se sente assim. Isso é uma premonição ou é uma verdade?

Homem: *O que você quer dizer?*

Vianna: Quero dizer, se você tiver essas coisas, isso realmente vai acontecer? Você realmente vai se sentir sozinho?

Homem: *Acho que não. É assim que estou me sentindo.*

Vianna: Ok, então por que você se sente assim?

Homem: *É assim que sempre me senti.*

Vianna: Você sempre se sentiu sozinho?

Homem: *Sim.*

Vianna: Sempre? Ok, então por que você se sente sozinho?

Homem: *Porque não importa em que relacionamentos eu me envolva, estou sempre sozinho quando vivo neles.*

Vianna: Percebi que você manifestou duas casas e viagens, mas nunca preparou um relacionamento. Isso é interessante.

Homem: *Não é agora?*

Vianna: Então, não importa como nem qual é o seu relacionamento, você está sempre sozinho. Diga isso.

Homem: *Não importa como seja meu relacionamento ou qual seja, estou sempre sozinho.* (Ele testa "sim".)

Vianna: Ok, então por que isso?

Homem: *Porque as pessoas com quem tentei me conectar simplesmente não estão na "mesma página", ou estamos sempre indo em direções diferentes, ou não queremos a mesma coisa.*

Vianna: Você sabe como é ter um bom relacionamento? Você sabe como criar um bom relacionamento?

Homem: *Suponho que não, visto que eu não tive.*

Vianna: Então diga: "Eu atraio pessoas que sempre vão me empurrar para a direção errada". (Ele testa "sim".) Então, essas mulheres são o oposto de você?

Homem: *Não, apenas diferentes.*

Vianna: Então diga: "Eu sei como atrair alguém como eu".

Homem: *Eu sei como atrair alguém como eu.* (Ele testa "sim".)

Vianna: Então, o que você quer em outra pessoa?

Homem: *Eu não sei. De certa forma, acho que sei do que gosto, mas descobri que nunca realmente sei do que gosto.*

Vianna: Podemos ensiná-lo que é possível saber o que você quer?

Homem: *Ok.*

Vianna: Vamos ensiná-lo que é possível saber o que você quer e que você sabe como atrair alguém que é uma alma gêmea compatível, a qual vai crescer com você. Tudo bem?

Homem: *Ok.*

Vianna: Vamos ensiná-lo que você é capaz de viver seu dia a dia sem ser sozinho e que é possível fazer isso. Ok. Mas você diz que é diferente das outras pessoas. Isso significa que você se afasta das outras pessoas, ou é tão diferente que ninguém o entende, ou acha que é sagrado estar sozinho?

Homem: *Provavelmente é sagrado ficar sozinho.*

Vianna para os alunos: Ele está fazendo aquele tipo de coisa: "Já que nenhuma mulher me quer, eu também não as quero".

Vianna para o homem: Repita comigo: "É seguro para mim ficar sozinho".

Homem: *É seguro para mim ficar sozinho.* (Ele testa "sim".)

Vianna: Você gostaria de saber como é estar seguro no seu mundo?

Homem: *Ok.*

Vianna para os alunos: Quando instalei a sensação de estar seguro em seu mundo, ele estava com uma expressão de pânico no rosto. Quando você faz um *download*, as pessoas costumam ficar "Aaaah" e dizer: "Isso é ótimo". Ele não parece estar feliz com o *download*.

Vianna para o homem: Ok, então é mais seguro ficar sozinho. Por quê?

Homem: *Porque não vou me machucar.*

Vianna: Então você não vai se machucar se estiver sozinho? Por quê?

Homem: *Por quê? Hmm, eu não sei.*

Vianna: Há quanto tempo você se sente assim?

Homem: *Parece uma eternidade.*

Vianna: Então você sentiu essa sensação de solidão "por uma eternidade", porque é seguro ficar sozinho. Diga: "É seguro ficar sozinho".

Homem: *É seguro ficar sozinho.* (Ele testa "sim".)

Vianna: Ok, mas isso não precisa durar para sempre. Você gostaria de saber como é estar seguro e compartilhar sua vida com alguém?

Homem: *Sim.*

Vianna: Agora, se uma pessoa realmente conhece você por dentro, qual é a pior coisa que poderia acontecer?

Homem: *Ela pode me deixar.*

Vianna: Então, de fato, ela não vai só machucá-lo, ela também vai deixá-lo. Então diga: "Se eles realmente me conhecem, vão me deixar".

Homem: *Se eles realmente me conhecem, vão me abandonar.*

Vianna: Não, esse não é o programa certo. Em vez disso, diga: "Se eles realmente conhecerem meu coração, vão me deixar".

Homem: *Se eles realmente conhecerem meu coração, vão me deixar.* (Ele testa "sim".)

Vianna: Então, como você pode permitir que alguém o ame? É mais seguro ficar sozinho, é menos complicado do que se esse alguém o abandonar. Você gostaria de saber como é ter uma pessoa que permaneça? Ou é melhor se ela o deixar? Você a força a deixar você?

Homem: *Acho que não.*

Vianna: Quem o deixou?

Homem: *Hum, não de forma literal fisicamente, mas minha mãe, de certa forma, me deixou.*

Vianna: O que isso significa para você?

Homem: *Não entendo o que você quer dizer.*

Vianna: Como ela o deixou?

Homem: *Ela me deixou por não me reconhecer. A forma como isso aconteceu, começou quando eu era uma criança. Se eu não estivesse dando a resposta que ela queria, havia momentos em que minha mãe literalmente ficava muda e parava de receber a comunicação e simplesmente ia embora, como uma criança de 5 anos faria quando estivesse com raiva. Houve momentos em que não conseguia fazer conexão com ela. Quando eu era adolescente, versões da mesma coisa aconteciam.*

Vianna: Você está dando o melhor de si para que o relacionamento dê certo, mas as pessoas ainda estão o deixando... Isso acontece com todas as mulheres ou só a sua mãe? Essas são todas as mulheres que são importantes para você?

Homem: *Sim, a maioria eu acho.*

Vianna: Então você gostaria de saber como se conectar com outra pessoa? Como ser importante? Como ser tratado com respeito e amor? Você gostaria de saber que isso é possível? Tudo bem?

Homem: *Sim.*

Vianna: Então, como você se sente agora?

Homem: *Triste.*

Vianna: É um triste melhor ou um menos triste?

Homem: *Uh, um sofrimento triste.*

Vianna: Você deve ter sido um menino triste que não conseguia se conectar. Podemos ensinar-lhe que você pode se conectar em um nível espiritual, físico e mental com as pessoas, e que você pode verdadeiramente se conectar por completo com todos ao seu redor e atrair amigos que lhe dão ânimo e são leais. Tudo bem?

Homem: *Sim.*

Vianna: E que você saiba como é ser leal a alguém. E fazer com que sejam leais a você, que se conectem a você e que seja seguro fazer isso. Que você possa atrair pessoas de confiança, e pessoas que não agem como uma criança de 5 anos com suas emoções. Tudo bem?

Vianna para os alunos: Não me interpretem mal – agir como uma criança nem sempre é uma coisa ruim e às vezes pode ser bom. **Para o homem:** Você gostaria de saber como lidar com alguém que não se conecta com você?

Homem: *Bem, sim, eu gostaria. Naquela época eu não tinha ideia – tinha 5 anos quando aconteceu...*

Vianna: Já aconteceu antes?

Homem: *Provavelmente, mas foi naquele momento que percebi como isso estava errado e quanto doeu.*

Vianna: Ok, então preciso que você volte ao tempo em que era aquele menino de 5 anos. Agora quero que você se veja como um adulto ali ao lado daquele garotinho, que você se aproxime e dê um abraço nele. Agora feche os olhos e manifeste. A pessoa com quem você está se relacionando entende você?

Homem: *Sim.*

Vianna: Você a entende? Você ainda gosta dela?

Homem: *Até agora.*

Vianna: Feche os olhos. Ela viaja com você?

Homem: *Às vezes.*

Vianna: É melhor quando ela viaja com você?

Homem: *Às vezes.*

Vianna: Tudo bem. Você está bem com essa situação?

Homem: *Sim.*

Vianna: Parece mais real, possível?

Homem: *Sim.*

Vianna: Ok, os amigos que estão na sua vida ainda são aqueles que você conheceu antes ou são novos amigos?

Homem: *Alguns deles são amigos que tenho agora.*

Vianna: Que bom! Como você está se sentindo?

Homem: *Sinto-me muito melhor – mais feliz. As coisas parecem muito mais acessíveis. Sim, parece muito mais real.*

Vianna concorda com a cabeça: Sim, é muito mais real. **Para os alunos:** Ok, então apenas trabalhamos em dois assuntos: "Qual a pior coisa que poderia acontecer se você tivesse isso na sua vida?" e "Como as pessoas se sentirão por você se tiver abundância?". Impedir o amor não tinha nada a ver com dinheiro, casas ou viagens. Qual foi o bloqueio dele? Ele não queria ficar sozinho em uma casa grande e velha. Por causa disso, não iria criar uma casa grande e velha. Agora ele tem alguém com quem compartilhar, pode ter isso. Vamos verificar se ele tem algo mais.

Para o homem: Repita comigo: "Vou ficar sozinho".

Homem: *Vou ficar sozinho. Se eu manifestar o que quero, ficarei sozinho.* (Ele testa "não".)

Vianna para os alunos: Ok, para o que mais vocês o testariam?

Aluno: *Veja se ele sabe como criar um bom relacionamento.*

Vianna: Repita comigo: "Eu sei como criar um bom relacionamento".

Homem: *Eu sei como criar um bom relacionamento.* (Ele testa "sim".)

Vianna: Então ele sabe criar um bom relacionamento. Repita comigo: "Eu sei como atrair alguém compatível comigo".

Homem: *Eu sei como atrair alguém compatível comigo.* (Ele testa "sim".)

Aluno: *Verifique se ele acredita que existe alguém que seja compatível com ele.*

Vianna: Repita comigo: "Existe alguém que é compatível comigo".

Homem: *Existe alguém que é compatível comigo.*

Vianna: Segure firme – mais, mais forte, mais forte. Sim, ele acredita que existe alguém no mundo. Ok, então vamos verificar se ele tem: "Eu sou o prêmio".

Homem: *Eu sou o prêmio.* (Ele testa "sim".)

Vianna: Ok, diga: "Eu sei como me conectar com outras pessoas".

Homem: *Eu sei como me conectar com outras pessoas.* (Ele testa "sim".)

Vianna: "Eu sei como me conectar com uma mulher com quem me importo".

Homem: *Eu sei como me conectar com uma mulher com quem me importo.*

Mulher: "Se uma mulher vir meu coração, ela vai sair correndo".

Homem: *Se uma mulher vir meu coração, ela vai sair correndo.* (Ele testa "não".)

Vianna para os alunos: Ele precisa de mais trabalho de crença? Pode ser, mas isso vai permitir que encontre abundância e amor, já que são a mesma coisa.

Parte II
A BUSCA PELA ALMA GÊMEA

Capítulo 5

Preparando-se para uma Alma Gêmea

Muitas pessoas estão em uma busca para encontrar sua alma gêmea. Em alguns casos, a procura torna-se mais importante do que a realização do objetivo. Seja cuidadoso na busca pela sua alma gêmea, porque tenho visto pessoas que se tornam viciadas na procura e elas vão estar sempre buscando suas almas gêmeas.

À medida que a humanidade evoluiu, há almas gêmeas para escolher mais agora do que nunca antes. Podemos ter dúzias de almas gêmeas, de todas as formas e tamanhos. Também temos mais do que uma alma gêmea compatível. Como podemos nos certificar de que atraímos a mais compatível para nós?

Confie no Divino

Você deve trabalhar nas suas questões de confiança de que o universo vai reunir você e sua alma gêmea. Não há nada errado em buscar sua alma gêmea, mas, quando isso se transforma em um comportamento compulsivo, a *busca* se torna o único objetivo e não há realização. É como uma procura mística pelo Santo Graal que não tem começo nem fim. É a procura que é o foco e não o encontro.

Você pode ficar tão acostumado a conversar sobre não ter uma alma gêmea que isso é tudo o que vai manifestar. Isso acontece porque você está dizendo à sua mente subconsciente, dia sim, dia não: "eu não consigo encontrar minha alma gêmea" e "não há ninguém para mim", "por que não a encontrei ainda, por que fui esquecido?". Todos esses pensamentos e palavras negativas estão impedindo o universo de criar as circunstâncias nas quais você pode encontrar a mais importante pessoa de sua vida.

A questão que muitas pessoas perguntam é: "Onde está minha alma gêmea?".

Mas para a maioria das pessoas, isso não é o que elas deveriam estar perguntando. As questões deveriam ser estas:

- "O que é uma alma gêmea?".
- "Com qual tipo de pessoa quero estar?".
- "O que tenho para oferecer para essa pessoa especial?".
- "O que vou fazer com a minha alma gêmea quando eu a encontrar?".

Ame-se para Amar o Outro

Uma alma gêmea pode fazê-lo feliz ou despedaçá-lo emocionalmente, dependendo de como você se sente sobre si mesmo. Se você não chegou ao ponto de poder realmente amar a si, um relacionamento de alma gêmea vai fazê-lo sofrer.

Tão logo você comece a amar a si mesmo, uma interessante energia surge no seu chacra cardíaco. Isso vai provocar seu chacra sexual a atrair sua alma gêmea.

Quando você começa a atrair sua alma gêmea compatível, no entanto, vai descobrir que projetou outras pessoas para você também, as quais são atraídas à sua pulsante energia. Nem todo mundo que você atrai vai ser sua alma gêmea, nem toda alma gêmea vai ser compatível com você.

A melhor forma de atrair uma alma gêmea compatível é amar a si mesmo e ter orgulho de quem você é. Quando você conhece e ama a si mesmo, está pronto para a sua alma gêmea mais compatível. O nível de desenvolvimento que você adquiriu como uma pessoa é o que vai ditar a alma gêmea que projetou da energia do Tudo O Que É.

Muitas pessoas acreditam que não conseguem estar completas até que encontrem suas almas gêmeas, mas o contrário é verdadeiro. As pessoas precisam estar completas por si, a princípio. Para ser verdadeiramente compatível, ambas as pessoas precisam amar a si, e a partir desse autoamor gerar uma felicidade interior que floresce para o exterior. É isso que faz as energias das almas gêmeas de fato compatíveis.

Muitas pessoas demandam ter suas almas gêmeas mais compatíveis, mas não estão prontas para elas porque não amam a si mesmas. Você tem de se amar primeiro.

"É Tudo Sobre Mim!"

Este é outro cenário que vejo com clientes e alunos: quando a pessoa finalmente encontra uma alma gêmea, é tudo sobre ela e nada sobre a outra pessoa. Isso dificilmente conduz a um relacionamento igual e amoroso. Ambas as pessoas devem se sentir livres para ser abertas e compartilhar como fazem o viver, seus gostos e desgostos, e todas as muitas facetas de suas personalidades com conforto e segurança. Elas devem se sentir livres para compartilhar partes profundas de si mesmas, caso contrário, o relacionamento será construído sobre uma fachada. Será baseado em desejos e necessidades de uma ou outra das partes e não de ambas.

Pense consigo mesmo: o que você tem a retribuir? O que faz de você o prêmio? O que faz alguém querer estar com você?

Se você não consegue pensar em nada, essas são as áreas nas quais precisa trabalhar. Sua mensagem para o universo deveria ser: "Isso é o que procuro em outra pessoa e é isso que tenho a retribuir".

Escreva três coisas que você deseja em uma pessoa e três coisas que você vai dar de volta a ela.

Esteja Alerta e Pronto para Agir

Você pode encontrar almas gêmeas o tempo todo. Lembre-se de que você tem mais de uma, e sempre pode criar uma nova neste tempo e espaço.

Mesmo assim, muitos de nós estamos buscando por algo que já está em um nível mais profundo. Procuramos por um amor profundo e insaciável, algo que estava conosco antes de virmos para cá e vai estar conosco para sempre, uma pessoa especial com quem compartilhar nossos pensamentos e sentimentos, e os pensamentos e sentimentos dela. Procuramos alguém para caminhar conosco através de nossa vida e além, algo eterno. Isso pode ser um pouco mais complicado.

Quando você usa sua intuição e faz perguntas a respeito de sua alma gêmea, é importante ser capaz de interpretar corretamente as informações que são trazidas e aplicá-las na sua vida. Algumas pessoas perguntam às energias divinas: "Quando vou encontrar minha alma gêmea?". E recebem uma data e às vezes um horário. A data e a hora passam e elas não percebem que já encontraram sua alma gêmea. Isso porque, quando fizeram essa pergunta, o que receberam foram possibilidades de quando e como poderiam encontrar sua alma gêmea. O divino pode nos direcionar e guiar, mas temos de ficar alertas e tomar as ações certas para que as coisas aconteçam.

Por exemplo, você pode perguntar a Deus quando vai encontrar sua alma gêmea e ouvir que encontrará no dia 22 de dezembro e que ela usará um chapéu vermelho. Dia 22 de dezembro chega e você acha que não conheceu alguém com um chapéu vermelho. Mas o que você perdeu é que no dia 22 de dezembro foi a uma festa de Natal, e tinha um homem brincando de Papai Noel e usando um chapéu vermelho! Essa pessoa era sua alma gêmea, mas você a ignorou completamente. Quatro meses depois, você se dá conta: "Oh, meu Deus, era ele!".

Você recebeu as informações certas, mas não fez perguntas o suficiente. Se alguma vez se sentir confuso sobre o que é dito a você, continue fazendo perguntas.

Além disso, esteja preparado para agir de acordo com as informações. Eu sei de muitas pessoas que foram informadas pelo divino de que deveriam mudar do lugar em que estavam morando para encontrar sua alma gêmea mais compatível. No entanto, elas se recusaram a se mudar, e adivinha? Não encontraram sua alma gêmea mais compatível.

Você está pronto para tomar as medidas necessárias para estar com aquela pessoa especial?

Seja Paciente

Ultimatos a Deus

Um tema comum a pessoas que pedem por sua alma gêmea é culpabilizar Deus quando a alma gêmea não entra imediatamente em suas vidas. Elas ficam com raiva de Deus como se fosse de alguma forma culpa d'Ele, em vez de perceber que é mais provável que seja por causa de suas próprias falhas.

Outro erro comum é fazer exigências a Deus e dar ultimatos. As pessoas dizem: "Deus, exijo [não peço] que eu tenha minha alma gêmea agora". Ou podem não usar essas palavras exatas em sua oração de manifestação, mas elas têm essa energia, e é a energia que é importante quando se solicita uma manifestação.

Depois de fazer milhares de leituras, descobri um tema comum em relação ao tempo da alma gêmea. Vamos dar um exemplo particular.

Uma mulher me pergunta: "Onde está minha alma gêmea? Eu quero ela agora!".

Eu digo a ela: "Ok, vou dar uma olhada em seu futuro".

Quando ascendo para verificar seu futuro, vejo que sua alma gêmea ainda não está pronta para ela.

Então lhe digo: "Neste momento, sua alma gêmea está instável. Ele não estará pronto por mais um ano, pelo menos. No entanto, daqui a dois anos, a vida dele ficará mais estável e ele estará realmente pronto para um relacionamento".

Decepcionada, a mulher diz: "Oh, mas ele tem que estar pronto para mim agora!".

Ela ignora meu conselho e começa a incomodar Deus compulsivamente, exigindo: "Eu quero ele agora! Eu quero ele agora! Eu quero ele agora!".

Várias semanas depois, Deus finalmente diz: "Ok!".

É isso que essa mulher realmente quer? Não! Por causa dessa exigência, ela encontra sua alma gêmea, mas é muito cedo e ele é um completo idiota tagarela! Contudo, isso não a detém, porque esse homem é sua verdadeira alma gêmea e ela está irresistivelmente atraída por ele.

Então ele entra na vida dela, mas está se divorciando, e é óbvio que está emocionalmente instável. Então ela começa a culpar Deus. Ela apela a Deus, reclamando: "Está tudo errado!".

A resposta de Deus vem como: "Bem, ele não teria ficado instável se você não o tivesse tirado do forno tão cedo. Ele teria de assar ainda por dois anos; se você o tivesse deixado fazer isso, ele teria sido um lindo bolo pronto para você".

Por causa da pressa e da impaciência, o novo casal passa o ano seguinte em situações instáveis até que finalmente as coisas se acalmam para ambos.

Essa mulher deveria ter ouvido o conselho? Sim, mas esperar é difícil nos assuntos do coração, não é?

Ao dar a essa mulher o que ela queria, o que o Criador estava fazendo? Para o Criador, é tudo um processo de aprendizado, e aprender com uma experiência difícil é o mesmo que aprender com uma experiência fácil. Em última análise, depende de nós se a experiência é ruim ou boa. Sempre temos livre-arbítrio.

Todas as vezes em que as pessoas dão ultimatos a Deus, é provável que elas tenham algum tipo de lacuna na personalidade. Em um sentido geral, elas têm um medo real de que suas orações possam de fato ser respondidas e, uma vez que o sejam, é tudo culpa de Deus e não delas.

Verifique Suas Crenças

Já vimos aqui como trabalhar nas suas crenças. As pessoas são atraídas umas pelas outras por causa das crenças negativas que compartilham, bem como pelas crenças positivas. Portanto, você deve remover o máximo possível de crenças negativas e trabalhar os sentimentos em si mesmo para atrair a melhor pessoa que puder.

Uma área em que suas crenças podem estar impedindo você de encontrar sua alma gêmea é a enfermidade física.

Alma Gêmea e Enfermidade

Algumas pessoas se apegam à doença física porque, em um nível profundo, temem mudanças e crescimento pessoal. Em alguns casos, as pessoas ficam tão apegadas à doença que não atraem sua alma gêmea, porque isso representa um grande evento de mudança de vida. Nesse cenário, a pessoa permanecerá doente e não tomará medidas para melhorar.

É possível que, caso você acredite que vai se magoar se estiver feliz, seu cérebro o deixará doente. Você pode ter o programa: "Se eu for feliz e me apaixonar, vão me abandonar ou me magoar". Portanto, pode idealizar alguém que não é uma alma gêmea compatível.

Seu cérebro o ama suficientemente para executar esse programa para você. Então, em muitos casos, descobrir como a doença está lhe servindo é importante. Se você puder limpar essa energia, compreenderá que pode ser feliz sem temer mudanças e, portanto, encontrar sua alma gêmea.

Pergunte-se o que aconteceria se você encontrasse sua alma gêmea. Você pode estar feliz e cheio de alegria. Pergunte-se o que aconteceria se você fosse feliz e cheio de alegria. O que aconteceria?

Seja Positivo

Existe alguém no mundo para cada um de nós. Quando alguém me diz que não há ninguém para si, digo para ir a um supermercado e "observar pessoas" por um tempo. Ele vai ver muitos casais, e alguns deles se assemelham com seres humanos, mas outros não! Se essas pessoas podem encontrar alguém, então qualquer um pode!

Se você disser ao universo que não há ninguém, então ninguém é o que você vai manifestar. E o que você realmente deseja manifestar são pessoas positivas.

MANIFESTANDO PESSOAS POSITIVAS

1. Concentre-se no coração e visualize a descida para a Mãe Terra, que é uma parte de Tudo O Que É.
2. Suba através de seu chacra coronário em uma bola de luz e projete sua consciência além das estrelas para o universo.
3. Vá além do universo, além das camadas de luz, através da luz dourada, além da substância gelatinosa que são as leis, em uma luz branca perolada e iridescente, o Sétimo Plano de Existência.
4. Faça o comando ao seu subconsciente e peça ao Criador:
   "Criador de Tudo O Que É,
   é comandado ou pedido que eu atraia
   pessoas que pensem como
   eu. Gratidão! Está feito, está feito, está feito".
5. Testemunhe pessoas com ideias semelhantes entrando em sua vida no futuro.
6. Assim que o processo terminar, enxágue-se com a energia do Sétimo Plano e fique conectado a ela.

No capítulo seguinte, vou mostrar como manifestar uma alma gêmea. Quando você fizer isso, sempre peça pela sua alma gêmea mais compatível, da melhor e mais elevada maneira ao enviar sua mensagem para o universo por meio do Criador de Tudo O Que É. Dessa forma, você terá uma chance muito melhor de encontrar alguém que esteja sintonizado com você mental, sexual, espiritual, física e emocionalmente.

No entanto, a melhor e mais elevada maneira nem sempre significa que é a mais fácil. Pode haver momentos interessantes pela frente em sua busca por alma gêmea...

Capítulo 6

Manifestando uma Alma Gêmea

Se você vai manifestar uma alma gêmea, primeiramente tem de ter certeza de que é isso que realmente quer. Você está pronto para compartilhar sua vida com alguém? Pergunte ao seu coração se você está de fato pronto para compartilhar tudo com outra pessoa. Você está procurando por uma alma gêmea ou por um escravo?

Qual é a pior coisa que pode acontecer se você conseguir o que deseja? Há uma voz dentro de si que diz que você não merece isso ou faz você se preocupar a respeito do que vai acontecer se conseguir o que deseja. Trabalhe nessa voz, nas crenças que dão a ela a força de fala.

Se você pedir ao Criador para levá-lo aonde você deve estar para encontrar sua alma gêmea, tem certeza de que está pronto para se mudar para esse lugar?

Se encontrar uma alma gêmea, você está pronto para dedicar tempo a ela? Se você ficar entediado com um(a) único(a) parceiro(a), talvez seja porque você não tem o gene da monogamia (nem todo mundo o carrega; veja mais sobre isso no capítulo 10).

Todas essas coisas entram em jogo quando você está manifestando uma alma gêmea. Portanto, mesmo que sinta que está totalmente preparado, pergunte-se o seguinte:

- Você quer uma alma gêmea ou um(a) companheiro(a) agora?
- Você tem algo a oferecer a outra pessoa?
- O que o torna o prêmio?
- O que você sabe sobre o sexo oposto?
- Você está disposto a aprender e sempre continuar aprendendo?
- Você sabe que merece realizar seus sonhos?

Saiba o Que Você Quer

Depois de ter certeza de que está pronto para manifestar uma alma gêmea, você precisa saber exatamente o que deseja. Quando você sobe e pede a Deus por uma alma gêmea, tem de ser bastante específico. Você tem de ser preciso sobre o gênero, até mesmo a espécie, porque, se pedir por alguém que o ame incondicionalmente, pode receber um cachorro.

- Você quer uma alma gêmea rica?
- Você quer que ela seja solteira ou casada?
- Você quer que ela compartilhe a fortuna dela com você?

Muitas pessoas se sentam e escrevem uma longa lista sobre o que desejam em alguém. Conheço pessoas que escreveram tudo que podiam pensar, mas esqueceram a coisa mais importante: que sua alma gêmea seja compatível com elas e que estejam apaixonadas.

Não peça uma alma gêmea perfeita, pois ela pode ser perfeita demais. Em vez disso, peça pela sua alma gêmea mais compatível.

Se você tem a preferência por alguém que seja ou não fiel sexualmente, especifique que sua alma gêmea tenha o gene da monogamia.

O exercício a seguir o ajudará a esclarecer o que você quer e, mais importante, o que você tem a oferecer em troca.

Saiba o Que Você Quer em uma Alma Gêmea

1. Liste quatro características que você deseja em uma alma gêmea.
2. Pergunte a outra pessoa o que ela acha que é importante e pegue emprestadas duas das características que ela indicou.
3. Escreva as quatro melhores qualidades que você tem a oferecer à sua alma gêmea.
4. Liste duas qualidades que os outros veem em você.

5. Liste todas as qualidades que sua alma gêmea terá.

Manifestando

Aqui estão várias maneiras de manifestar sua alma gêmea.

Reivindicando Sua Alma Gêmea mais Compatível

1. Concentre-se no coração e visualize a descida para a Mãe Terra, que é uma parte de Tudo O Que É.
2. Suba através de seu chacra coronário em uma bola de luz e projete sua consciência além das estrelas para o universo.
3. Vá além do universo, além das camadas de luz, através da luz dourada, além da substância gelatinosa que são as leis, em uma luz branca perolada e iridescente, o Sétimo Plano de Existência.
4. Faça o comando ao seu subconsciente e peça ao Criador:

"Criador de Tudo o que É, é comandado
ou pedido que minha alma gêmea de vida mais
compatível seja trazida a mim, e que
ela tenham esses atributos (fale os atributos).
Gratidão! Está feito, está feito, está feito".

5. Testemunhe o chamado para o envio de sua alma gêmea mais compatível.
6. Assim que o processo terminar, enxágue-se com a energia do Sétimo Plano e fique conectado a ela.

Observe o seguinte:

- Se você comandar que tenha sua alma gêmea mais compatível agora, vai atrair a pessoa mais compatível neste momento. Ela pode não ser a mais compatível de todas.
- Se você deseja alguém com quem passar a vida, em vez de dizer que deseja uma alma gêmea compatível, peça sua alma gêmea divina mais compatível.

Manifestação por Dez Dias

1. Pegue sua lista de todas as coisas que você deseja que sua alma gêmea seja e coloque-a ao lado da cama.
2. Suba ao Sétimo Plano como antes. Imagine essa pessoa enquanto estiver no estado Theta.
3. Faça isso todos os dias por pelo menos dez dias.
4. Todas as manhãs, medite sobre ser a pessoa que você deseja ser no seu relacionamento de alma gêmea.

Exercício de Pirâmide para Encontrar Sua Alma Gêmea

Um dos exercícios mais importantes para reivindicar sua alma gêmea é a meditação a seguir. Eu a usei ao longo da minha vida para trazer abundância de todos os tipos.

Neste exercício, estamos usando a energia da pirâmide para ampliar a manifestação.

1. Suba ao sétimo Plano como antes.
2. Faça o comando:

"Criador de Tudo o que É,
é comandado ou pedido que

eu traga minha alma gêmea mais
compatível para minha vida. Gratidão!
Está feito. Está feito, está feito".

3. Testemunhe-se sob uma enorme pirâmide. Testemunhe a energia do seu pedido sendo enviada ao centro da pirâmide para ser ampliada e enviada ao universo.

4. Assim que o processo terminar, enxágue-se com a energia do Sétimo Plano e fique conectado a ela.

Capítulo 7

Conselhos sobre Encontros para Almas Gêmeas

Neste capítulo, discutiremos alguns aspectos práticos que podem ajudar a encontrar uma alma gêmea. Para alguns, essas informações podem parecer redundantes, mas fiquei surpresa com a quantidade de clientes e alunos ingênuos a respeito das simples nuances dos relacionamentos.

Está Chovendo Almas Gêmeas!

É provável que, quando você começar a chamar uma alma gêmea, atraia mais de uma ao mesmo tempo. Isso ocorre porque você vai dar um sinal ao universo de que realmente ama a si mesmo e está pronto para uma alma gêmea.

O que você quiser, por mais difícil que seja, esteja preparado para que venha até você. Lembro-me de uma mulher em particular que entrou na minha loja e disse da maneira mais esnobe possível: "Eu quero minha alma gêmea! Quero que ele seja um homem viril, mas não quero que ele assista a esportes; quero que ele me sirva, cuide de mim e esfregue meus pés! Quero que ele vá às compras comigo e conheça todas os diferentes tipos de sapatos!".

Pensei comigo mesma: "Vivemos em Idaho, onde os homens são homens! Eles gostam de caça, pesca, esportes e mulheres – geralmente nessa ordem. Um homem viril é relativamente fácil de encontrar. Um que goste de comprar coisas que as mulheres gostam e conheça os estilos de sapatos na Itália – bem, isso é levar a manifestação um pouco longe demais".

Então eu disse à mulher: "Tem certeza de que quer um homem viril? Você não prefere ter um amigo gay para fazer essas coisas junto?".

Ela me disse: "Não, eu quero minha alma gêmea!".

Então ali estava ela, fazendo todas essas exigências ao universo e ao livre-arbítrio de outra pessoa, e não entendendo que ela tem de dar e receber em um relacionamento. O dar e o receber em qualquer relacionamento devem começar no nível espiritual.

Não sei o que aconteceu com ela, mas sei que estava contando essa história em uma das minhas aulas quando uma mulher disse: "Encontrei minha alma gêmea, e ele conhece todo tipo de sapatos, gosta de fazer compras comigo e ainda é um homem viril!".

Aparentemente, ele era um homem heterossexual compreensivo da Califórnia.

Encontros

Depois de conhecer alguém e essa pessoa querer sair com você, o que vai acontecer? Há algumas pessoas que precisam ser treinadas sobre como se comportar em um encontro. E há aquelas que namoram e outras que se casam. Qual delas é você? Você é do tipo que se casa? Você quer passar sua vida com outra pessoa em um relacionamento monogâmico? Se é isso que quer, então é isso que deve manifestar na realidade, não uma série de namoros. Caso contrário, você está apenas se enganando.

Os encontros às cegas, em particular, não têm muito sucesso em cumprir esse objetivo. Existem maneiras melhores de encontrar sua alma gêmea, e é muito importante que você saiba exatamente o que deseja, para não enviar pedidos confusos para o universo.

Afirmações para Almas Gêmeas

Para atrair o encontro certo, você pode tentar as afirmações a seguir. Uma afirmação é uma declaração para sua mente inconsciente, bem como para o universo, do que você espera deles.

Por dez dias, leia estas afirmações todas as noites antes de dormir:

"Todos os dias, em todos os sentidos, fico melhor".
"De todas as maneiras, permito que o universo
me traga minha alma gêmea compatível".
"Minha alma gêmea compatível estará
na minha vida no tempo certo".
"Eu só fico cada vez melhor".
"Vou honrar este amor".
"Eu mereço este amor".
"Eu sou o prêmio".

Encontros On-line

A internet nos trouxe uma comunicação melhor do que nunca. Em todo o mundo, as pessoas estão conversando e muitas se encontram on-line por meio de sites de namoro. A princípio, pode parecer uma boa ideia, e algumas pessoas encontram seu verdadeiro amor on-line. No entanto, encontros desse tipo apresentam seus próprios problemas.

O fato é que, on-line, as pessoas não precisam ser quem realmente são. Existe um elemento de ilusão aí. Os predadores usam isso da maneira como se apresentam. Pessoas casadas utilizam isso para começar casos.

Quando você finalmente encontra alguém que conhece on-line, essa pessoa pode não estar nem perto de como se apresentou. Algumas pessoas até se mostram com uma orientação sexual diferente.

Ao marcar um encontro, os cuidados com a sua segurança pessoal são essenciais. O mundo está cheio de todos os tipos de pessoas e algumas delas não são exatamente boas. Se você encontrar alguém on-line e decidir conhecer essa pessoa pessoalmente, faça-o em um lugar público e leve um amigo com você.

Estágios Iniciais

Independentemente de como as pessoas se encontram, ambas as partes devem concordar que são, de fato, almas gêmeas compatíveis para que um relacionamento comece, e pode não ser imediatamente evidente que sejam almas gêmeas. Uma pessoa pode perceber que encontrou o amor verdadeiro antes da outra.

Se você é essa pessoa, é importante que não assuste sua alma gêmea sendo excessivamente impetuoso com ela. Pode demorar um pouco para que as duas pessoas percebam o que está acontecendo. Isso ocorre, sobretudo, por causa dos medos gerados por relacionamentos anteriores.

Também observei que muitas pessoas usam o conceito de alma gêmea como um incentivo quando se encontram pela primeira vez. Afirmam que conheceram a pessoa em uma vida passada e dizem isso a ela. Essa provocação se tornou quase tão difundida quanto: "Qual é o seu signo do zodíaco?", pelo menos em alguns círculos espirituais.

Existem poucas coisas mais perturbadoras do que ter alguém que você acabou de conhecer lhe dizendo que o conheceu em uma vida passada e que é sua alma gêmea.

Encontros e Sexo

Quando você conhece uma pessoa e tem sentimentos por ela, você deve descobrir se são profundos e significativos ou se se baseiam apenas na atração física. A atração física é um instinto muito forte, mas não deve ser confundida com os sentimentos que temos por uma verdadeira alma gêmea. Embora você se sinta sexualmente atraído por sua(seu) parceira(o) divina(o), deve saber a diferença entre hormônios e espiritualidade.

(No entanto, tendo dito isso, já ouvi sobre pessoas que têm um relacionamento platônico com sua alma gêmea e ficam felizes com esse acordo.)

A maioria das pessoas não ensina educação sexual para seus filhos, e isso certamente também não é ensinado na escola. Outra coisa que não é ensinada à maioria das crianças é como o sexo está espiritualmente ligado a quem somos. Sinto que as crianças devem compreender que, quando fizerem sexo, há uma troca de energia que pode durar sete anos, como uma impressão em seus corpos físico e etérico.

Por isso é importante ir a um encontro de alguém que seja compatível com você. Não "namore por misericórdia" nem fique na promiscuidade. Essas práticas não conduzem ao crescimento espiritual.

Além disso, cientistas descobriram recentemente que as pessoas que fazem sexo estão deixando seu DNA para trás nos corpos umas das outras. Em nosso atual nível de tecnologia, é difícil dizer quanto dessa "troca de DNA" é benéfica, mas, no que se refere à transferência de doenças, definitivamente não é.

Por exemplo, os médicos descobriram recentemente traços do DNA do vírus Ebola no esperma de um homem que se recuperou da doença durante um surto recente na África. Ele testou positivo para traços de DNA de Ebola por três meses antes de finalmente desaparecerem. Isso acontece porque o sistema reprodutivo é isolado do resto do corpo, e os vírus e as bactérias podem durar mais tempo nessa zona protegida. Podem estar no sistema reprodutivo sem estar na corrente sanguínea.

Mulheres, Vocês São o Prêmio

Uma cliente me disse que não conseguia descobrir por que os homens a deixavam depois de dormirem com ela. Mulheres, vocês não deveriam fazer sexo com um homem tão cedo em um relacionamento. Você deve pensar em si mesma como o prêmio, o presente estimado, não o troféu. É um erro olhar para uma pessoa atraente e pensar que ela é o prêmio! Tudo bem, tudo bem, desde que você se valorize tanto quanto o valoriza. Mas o que faz de você o prêmio? O que o torna o bom partido?

Lembre-se, você é o prêmio, e sexo é apenas a cobertura do bolo, então não cubra tudo! Quanto mais energia você gasta com cenouras (pessoas que não são sua alma gêmea), menos há para enviar à sua alma gêmea.

Antes de fazer sexo com uma pessoa, certifique-se de que é alguém com quem você deseja estar. Investigue a pessoa antes de ir longe demais no relacionamento. Não deve se sentir culpada por investigar sobre um parceiro em potencial.

O Cérebro Feminino e o Masculino

Um ponto a ter em mente ao se encontrar com alguém é que homens e mulheres são diferentes na maneira como usam o cérebro. Tem se falado muito sobre a teoria do cérebro direito e do cérebro esquerdo. Dizem que os homens têm ativa a parte esquerda do cérebro e as mulheres, a parte direita. Como isso afeta a interação deles?

Se voltarmos ao útero, no quarto mês, um menino experimenta um fluxo de testosterona em seu pequeno corpo, o que provavelmente tornará mais ativa a parte esquerda do cérebro. Essa ênfase no lado esquerdo do cérebro o ajuda a manter o foco em uma coisa de cada vez, para que seja um bom caçador, guerreiro e protetor. Esse é um critério antigo de desenvolvimento evolutivo. Porém, na década de 1970, mais e mais meninos estavam nascendo com atributos do lado direito do cérebro. A energia do lado direito do cérebro nos dá a capacidade de ter uma boa empatia com os outros e de realizar várias tarefas em diversos níveis.

Todo mundo nasce com uma certa tendência para mais atividade da parte direita ou esquerda do cérebro. Se a mulher for mais voltada para a parte cerebral esquerda, ela terá tendência a se dar muito bem com os homens. No entanto, ela pode não se dar tão bem com outras mulheres, porque não consegue entendê-las, enquanto um homem com ênfase na parte direita do cérebro pode facilmente lidar com mulheres.

Em qualquer vínculo de casal, heterossexual ou homossexual, esses aspectos do cérebro direito e esquerdo vão se manifestar no relacionamento. Uma ou outra pessoa, independentemente do sexo, assumirá o papel masculino e a outra, o feminino.

Em meu relacionamento com meu marido, nossos papéis às vezes são invertidos de maneira não convencional. Porque dou aulas à frente de grupos de pessoas, essencialmente assumo mais o "papel masculino" no nosso relacionamento e, se meu marido não estivesse seguro em sua masculinidade, nosso relacionamento seria muito mais difícil.

Para nos adaptarmos ao nosso relacionamento não convencional, ambos mudamos nossas crenças junto a nossos papéis. Quando Guy começa a me contar algo sobre seu dia, assumo o papel masculino e imediatamente tento encontrar soluções, sem chegar ao entendimento de que Guy não quer uma solução para um problema, ele só quer falar a respeito, da mesma forma que uma mulher faz. Estou tentando encontrar soluções porque assumo responsabilidades todos os dias, e essa mentalidade invade nosso relacionamento mais íntimo. Porém, nem sempre trocamos de papéis assim. Às vezes, somos muito convencionais em nossa interação um com o outro.

Um ponto interessante em relação à interação homem-mulher é que muitas pessoas dizem que os homens não conseguem entrar em contato com seus sentimentos. Descobri que os homens têm sentimentos profundos, mas é a maneira como os expressam que os torna diferentes das mulheres. Conheci homens que se deixaram morrer logo após a morte de sua esposa de 50 anos. Eles simplesmente não parecem ser capazes de fazer o ajuste como uma mulher pode. Após a morte do companheiro, a maioria das mulheres consegue seguir em frente e se casar novamente dentro de alguns anos, e viver por mais 20 anos.

Embora haja muitas diferenças entre os sexos, são essas diferenças que podem melhorar nosso relacionamento com nossa alma gêmea, se simplesmente pudermos entendê-las melhor. A chave é treinar o cérebro para ser mais equilibrado, de modo que o cérebro direito e o esquerdo trabalhem juntos.

Equilíbrio dos Cérebros Masculino e Feminino

1. Concentre-se no coração e visualize a descida para a Mãe Terra, que é uma parte de Tudo O Que É.
2. Suba através de seu chacra coronário em uma bola de luz e projete sua consciência além das estrelas para o universo.
3. Vá além do universo, além das camadas de luz, através da luz dourada, além da substância gelatinosa que são as leis, em uma luz branca perolada e iridescente, o Sétimo Plano de Existência.
4. Faça o comando ao seu subconsciente e peça ao Criador:

"Criador de Tudo O Que É, é comandado
ou pedido que os aspectos masculino e feminino do
cérebro [da pessoa] sejam equilibrados da melhor maneira
e mais elevada, como é
apropriado neste momento. Gratidão!
Está feito, está feito, está feito".

5. Mova sua consciência para o espaço da pessoa. Entre em seu cérebro e testemunhe os aspectos masculino e feminino se equilibrando da melhor e mais elevada maneira para eles.
6. Assim que o processo terminar, enxágue-se com a energia do sétimo Plano e fique conectado a ela.

Mandar Amor para o Bebê no Ventre

Este exercício é tanto para homens quanto para mulheres. Muitas pessoas que usaram ThetaHealing antes já terão feito esta prática, então esta explicação é para aqueles que ainda não experimentaram.

A razão de usar este exercício em relação às almas gêmeas é porque algumas pessoas estão confusas sobre o tipo de amor que desejam em um relacionamento com almas gêmeas. Se elas não entendem o que é ser amado, nutrido e amado pelos pais, podem tentar criar esse tipo de amor em um relacionamento com um parceiro. Algumas pessoas dizem que as mulheres vão procurar o pai em seu primeiro relacionamento e os homens buscarão a mãe.

Certa vez, conheci uma linda mulher que sentia que seu marido era seu pai, amigo e marido, tudo ao mesmo tempo. Para ela, seu esposo desempenhava o papel de seu pai, porque ela nunca amou seu pai. Isso deixava o marido desconfortável, porque ele não queria preencher esse papel. Esse tipo de relacionamento pode ser confuso.

Podemos nunca ter sentido o tipo certo de amor e não saber disso. E, além de afetar nossos relacionamentos, ser amado desde o início de nossa vida também pode desempenhar um papel importante em nossa saúde geral à medida que envelhecemos.

É importante que você saiba como é ser amado por seus pais desde o momento da concepção. Como você foi concebido? Que tipo de situação estava acontecendo na época? Quando sua mãe e seu pai souberam da gravidez, como eles se sentiram? Você era desejado ou não desejado? Você foi entregue para adoção? Um de seus irmãos era mais amado do que você?

Alguns de vocês podem ter nascido quando as pessoas não usavam anticoncepcionais como fazem agora. Sua mãe ficou feliz quando você nasceu ou ficou sobrecarregada? Qual foi a recepção que você recebeu ao nascer?

Desde o momento da concepção, estamos cientes de tudo ao nosso redor, incluindo os sentimentos, emoções e crenças da nossa mãe. Sentimentos de opressão, de não querer um filho e outros estresses podem ser transmitidos a nós e afetar nossos níveis de noradrenalina e serotonina. Alguns de nós também temos irmãos gêmeos. A natureza pode permitir que apenas um terço dos gêmeos concebidos sobreviva. Isso às vezes produz solidão no gêmeo remanescente. A tentativa de aborto também pode afetar um indivíduo.

Os antigos havaianos consideravam errado que houvesse discussões e discórdias em torno de uma mulher grávida. Se isso ocorresse, o casal poderia ser punido após o nascimento do filho. Acreditava-se que para o bebê ter as melhores chances de sobrevivência, ele precisava estar rodeado de boa energia e boas vibrações desde o ponto de concepção.

Sobre o que seus pais estavam falando quando você nasceu? Houve empolgação e energia de boas-vindas ou eles brigaram? Eles amaram o fato de você estar chegando? Quando você chegou, estava quente? Você foi tirado de sua mãe? Você foi amamentado?

Todas essas memórias foram mantidas dentro de seu corpo. Como uma esponja, você absorveu cada palavra dita. Que palavras o fizeram se sentir inadequado, indigno, culpado, maravilhoso, orgulhoso de si mesmo? Para liberar quaisquer energias negativas daquela época e entender o que é ser amado, você pode enviar amor ao bebê no ventre.

Enviar Amor para o Bebê no Ventre

1. Concentre-se no coração e visualize a descida para a Mãe Terra, que é uma parte de Tudo O Que É.
2. Suba através de seu chacra coronário em uma bola de luz e projete sua consciência além das estrelas para o universo.
3. Vá além do universo, além das camadas de luz, através da luz dourada, além da substância gelatinosa que são as leis, em uma luz branca perolada e iridescente, o Sétimo Plano de Existência.
4. Reúna amor incondicional e faça o comando:

"Criador de Tudo O Que É, é comandado ou pedido
que amor, nutrição, compaixão e aceitação
sejam enviados para (você ou outra pessoa)
enquanto é um bebê no ventre.
Gratidão. Está feito, está feito, está feito".

5. Agora suba e testemunhe o amor incondicional do Criador em torno do bebê, seja você, seu próprio filho ou seus pais. Testemunhe o amor enchendo o útero e observe-o envolver o feto e eliminar todos os venenos, toxinas e emoções negativas, envolvendo a pessoa com amor desde o início de sua vida, por toda a vida e depois.
6. Quando terminar, enxágue-se com a energia do Sétimo Plano e fique conectado a ela.

Capítulo 8

Conselhos para as Mulheres

Garotas, se tiverem interesse, vou lhes contar o que os homens querem... Eles querem que vocês sejam gentis, doces, maravilhosas, amáveis e divertidas. Vocês devem ser pessoas que fazem coisas divertidas com eles e a quem contar quase tudo. E, quando se trata daquele momento especial, os homens querem que você seja uma garota muito legal, até que vocês estejam entre quatro paredes. Então eles preferem um pouco de paixão.

O que você quer? Várias mulheres têm uma imagem do tipo de homem que desejam. Muitas vezes é um homem corajoso e bonito, inteligente, rico, gentil, amoroso e receptivo, com uma forte energia masculina e a quantidade certa de músculos. Ok, senhoras, se ele tem músculos, primeiramente é preciso algo para constituí-los, e isso significa que o homem está envolvido em várias coisas: esportes, exercícios e atividades ao ar livre!

Há um tema recorrente com muitas mulheres com quem converso sobre como encontrar uma alma gêmea: elas querem um "homem viril", mas, assim que o conseguem, querem desmasculinizá-lo! Ou não querem fazer o esforço para colocá-lo em primeiro lugar, especialmente se isso significa fazer mudanças em suas próprias vidas. Elas querem estar com um homem viril, mas também desejam ficar em casa e assistir à TV ou ir às compras.

O que você sabe sobre os homens? Se você se sente atraída por eles, é importante que desenvolva seu conhecimento sobre o gênero masculino para que possam se relacionar.

Uma vez, trabalhei em empregos orientados para homens e descobri que eles às vezes podem ser criaturas asquerosas e nojentas quando se trata de suas tendências e atitudes animalescas em relação às mulheres. Eu não ia dizer, mas é preciso: no local de trabalho, não durma com ninguém e você vai manter o respeito de seus colegas homens. Daí pode ter boas amizades com eles.

Foi útil para mim poder fazer a maioria das coisas que os homens faziam (atirar com armas e treinar). Eu conseguia atirar com armas de fogo melhor do que a maioria deles e também podia caçar. Dessa forma, desenvolvi com homens o tipo de amizade que a maioria das mulheres não tem. Essas associações me deram os *insights* de que eu precisava para manifestar o tipo de homem que queria.

Quando me divorciei, sentei e refleti sobre minha situação. Pensei sobre o tipo de pessoa que eu era e olhei para o nível de homem que queria atrair. Queria estar com alguém que compartilhasse sua vida comigo. Queria um tipo de pessoa que gostasse de vida ao ar livre, que fosse fisicamente forte, mas também romântico, dedicado, monogâmico e poético, e consegui tudo que eu desejava com o Guy.

Sabia que não poderia estar com uma pessoa ao ar livre se eu fosse tão "fresca" a ponto de ser inútil em uma situação ao ar livre. Então aprendi como fazer coisas ao ar livre para me preparar para o tipo de pessoa que eu queria atrair.

Também sabia que não queria ser carente. "Pegajosa", a energia carente é o que afasta as pessoas. Desejava ser atraente o suficiente para a pessoa que eu queria que me procurasse. Não queria ser a única a procurar. Essa foi a melhor decisão que já tomei, porque o ritual de cortejo de ir em busca é natural entre homem e mulher, e é "homem-caça-mulher". Se a mulher caça o homem, o homem fica confuso e foge. Para que funcione, ele precisa estar intrigado o suficiente para ir atrás da mulher. Essa percepção me ajudou a criar algo notável.

Quando comecei a dar aulas, observei mulheres sentadas em seu mundinho e professando o que queriam em um homem, sem nunca fazer esforço para encontrá-lo. Se fizessem algum esforço, iriam a um bar. Agora, isso não quer dizer que não há gente boa em bares, mas também há muito do que chamo de "desperdiçadores". Se você quiser ir pescar o sexo oposto, um bar é o tipo errado de isca e geralmente puxa o tipo errado de peixe!

Do outro lado do espectro de locais de encontro, as mulheres devem saber que existem homens por aí que falam qualquer coisa sobre sexo. Certa vez, um cliente me disse que, se quisesse fazer sexo, iria ao baile da igreja. Ele disse: "Eu prometo a elas que amo a Deus e ocasionalmente prometo me casar com elas e, em geral, consigo uma mulher naquela noite". Outros clientes me disseram que vão ao supermercado buscar donas de casa solitárias porque não há compromisso lá.

Meninas, não saiam com ninguém, a menos que planejem se casar com essa pessoa ou pelo menos tenham uma ideia de que podem querer estar com ela em um relacionamento. Se você olhar para um homem e não quiser ficar com ele, não saia com ele! Não faça encontros por caridade.

A razão de eu dizer isso é porque algumas mulheres têm a tendência de se envolver em relacionamentos por todos os motivos errados. Isso só vai deixar mais devagar o processo de encontrar sua alma gêmea.

Não ceda facilmente para fazer sexo com alguém também. Homens gostam de mulheres que vão para a cama facilmente, mas não as levam para casa para apresentar às mães. Se você quer que um homem a ame e respeite, não desperdice o prêmio imediatamente. Um homem respeita uma mulher que torna isso difícil para ele. Entenda que os hormônios comandam tanto os homens que eles parecem querer apenas uma coisa. É sua responsabilidade lhes dizer não de maneira gentil. Ser fácil demais só prejudicará sua reputação, e sua reputação é muito importante.

Se você se sente sexualmente atraída por outra pessoa, pode ser por causa de uma troca de feromônios, substâncias químicas secretadas por indivíduos que desencadeiam uma reação social em membros da mesma espécie. Existem muitos tipos de feromônio, que produzem uma ampla gama de ações e reações. Para o propósito desta discussão, vamos chamá-los de mensagens que são enviadas entre duas pessoas por meio da química do corpo.

Isso não significa que toda a atração se baseia em cheiros emitidos pelo corpo. Tanto as mulheres quanto os homens são psicológica e fisiologicamente programados para rejeitar os cheiros atraentes de outra pessoa, por vários motivos. Em humanos, a química vai muito além da atração animal entre homens e mulheres.

Senhoras, há certas coisas que indicam que vocês dois têm química. Mas não se empolguem. Só porque alguém convida você para um encontro, não significa que queira levá-la para casa para apresentar para a mãe e se casar com você.

Por exemplo, digamos que uma pessoa a convide para um encontro. Você se encontra e fica atraída por ele, mas depois ele não liga de volta para saírem de novo. Em termos gerais, significa que ele não está interessado em você. Não tente chamá-lo de volta. Controle-se e siga em frente com sua vida como se não estivesse preocupada. Ligar para uma pessoa diariamente se chama desespero ou perseguição, faça a sua escolha. Quando existe uma química verdadeira, as coisas acontecem naturalmente entre vocês, e ele vai se sentir compelido a chamá-la e se encontrar com você mais uma vez.

Enviando os Sinais Adequados

Sua alma gêmea vai encontrá-la se você enviar os sinais certos para o universo:

- Escove seus dentes e pratique uma boa higiene pessoal.
- Use roupas moderadas que sugiram sua figura, mas não muito reveladoras.
- Use uma pedra da lua. Pode ajudar a trazer sua alma gêmea até você, encorajar os sonhos lúcidos, aumentar as habilidades psíquicas e acalmar as emoções.
- Selecione um determinado perfume e use sempre que sair. Isso é para que a fragrância se destaque na mente do parceiro do seu encontro e daí, quando o encontro terminar e ele sentir

a fragrância novamente, ele pensará em você. Francamente, se mais mulheres usassem perfume e tivessem uma boa higiene em geral, elas seriam convidadas para sair com mais frequência.

- Evite falar muito sobre seus outros relacionamentos. Em vez disso, concentre-se em aprender sobre a outra pessoa. Deixe-a falar livremente sobre si mesma, sem interrogá-la, já que isso é humilhante.
- É uma má ideia dizer à pessoa que você pensa que ela é sua alma gêmea e que deseja se casar com ela.
- Descubra no que ele está interessado. Descubra do que ele gosta e seja um pouco flexível. Se você puder desfrutar de algumas das mesmas coisas, terá uma chance melhor de ter um relacionamento compartilhado. Uma das coisas que interessam ao homem é uma mulher disposta a compartilhar atividades "masculinas" e vice-versa. Esse é um argumento de venda que a tornará mais atraente para o sexo oposto. Muitas pessoas esperam que sua alma gêmea se apaixone completamente e espere por elas, mas na realidade é útil ter interesse no que a outra pessoa gosta. Os relacionamentos não dizem respeito apenas a você.
- Coloque-se em uma posição em que esteja disponível para ser vista pelo tipo de pessoa que deseja atrair. Se todo o seu mundo estiver centrado em fazer coisas com outras mulheres, será difícil atrair um homem. Eventos comunitários são bons lugares para conhecer pessoas. Se sua carreira não é propícia para conhecer pessoas, faça algo extracurricular! No entanto, você não está "caçando" uma pessoa, está "atraindo" alguém para você. Se você decidir sair pela cidade, lembre-se de que o álcool sempre cria uma fraqueza moral. Evite beber muito álcool para poder tomar boas decisões.

- É importante desenvolver sua autoestima. Você deve ter fé e saber que sua alma gêmea está chegando, mas ao mesmo tempo precisa saber que ficará bem sem ela.
- Muitas mulheres acreditam que homens bonitos são superficiais. Isso é uma mentira e, em geral, está apenas na mente da mulher.
- É difícil para os homens convidar as mulheres para sair. Alguns homens magoam-se facilmente se forem rejeitados. No entanto, você deve permitir que um homem vá atrás de você. Se ele estiver de fato interessado, ele vai atrás de você.
- Se você está no começo de um relacionamento, faça o possível para não dizer nada de ruim sobre a mãe da pessoa. Mesmo se ela disser algo ruim acerca da mãe, não brinque com isso.
- Evite se aproximar de homens casados. Todo mundo merece ser o número um na vida de seus parceiros.
- Não tente mudar muito um homem. As mulheres frequentemente tentam fazer dos homens o que elas querem que eles sejam, em vez do que eles são. Há sempre espaço para crescimento, mas a mudança pode ser irreal para alguns indivíduos.

As Definições do Criador

Na sociedade moderna, muitas mulheres pensam que são "tão boas quanto um homem". A esse tipo de pensamento, digo várias coisas. Se uma mulher pode fazer o mesmo trabalho que um homem e fazê-lo bem, ela deve receber o mesmo e ter as mesmas chances de promoção. Mas quando se trata de almas gêmeas, essa não é a questão. Em algum ponto da revolução sexual, esquecemos que somos mulheres. Esquecemos o poder de ser mulher. A energia da deusa está dentro de cada mulher, e acho que é hora de celebrar o que somos e os poderes que temos – compaixão, bondade e a capacidade de criar um filho e ser mãe. Também existe a capacidade de amar e cuidar de nossos companheiros como ninguém mais pode – com o toque de uma mulher. Toda mulher deve conhecer a definição de

Deus de uma mulher, e deve ser uma mulher, não apenas no local de trabalho, mas também em casa.

É a mesma coisa com um homem. Neste mundo em mudança, onde as pessoas estão tentando definir o que um homem deve ou não ser, talvez devêssemos saber qual é a definição do Criador do que é um homem. De acordo com a definição do Criador, um homem é forte, protetor daqueles que ama, atencioso e decidido.

Em todas as relações, os parceiros assumirão papéis masculinos e femininos. Homem e mulher são parceiros em um relacionamento de alma gêmea. Isso significa que trabalham juntos, usando as habilidades que Deus deu a eles, cultivando aquelas que precisam ser despertadas.

Capítulo 9

Conselhos para os Homens

Homens, perguntem a si mesmos: vocês querem uma mulher que use salto alto e roupas bonitas? Desejam uma mulher que fique bem no seu braço ou uma mulher que possa compartilhar tudo com vocês? Querem encontrar alguém que compartilhe seus interesses ao ar livre? Nesse caso, golfe e squash são boas opções de compromisso.

Se você quer conhecer mulheres legais, vá a um seminário sobre metafísica! No Instituto ThetaHealing, tivemos de plantar árvores para que os homens que passavam não parassem para olhar as mulheres que estavam sentadas no gramado fazendo trabalho de crença. Vários homens paravam no meio da estrada para olhar algumas mulheres italianas que vinham ao instituto. Você não tem ideia de quantos homens fazem nossas aulas só para conhecer mulheres. O irônico é que as mulheres que vêm ao instituto saem para jogar golfe porque é onde pensam que estão os homens!

Mas, senhores, se estão apenas procurando por sexo, fechem este livro. O assunto deste livro não é sexo sem compromisso e ele não vai ajudá-lo dessa forma. Trata-se de crescer emocionalmente para que você possa ter um relacionamento decente e duradouro. Saiba quem você é, o que quer e trabalhe no que pode melhorar. O sexo estará lá se você for paciente.

Para estar em um relacionamento com uma mulher, é importante desenvolver um conhecimento adequado das mulheres – ou pelo menos uma compreensão básica da psique feminina. Isso vai ajudá-lo a entender as necessidades das mulheres.

Nos tempos modernos, mulheres têm se tornado cada vez mais empoderadas em todos os aspectos da sociedade. Todo o controle que antes era imposto a elas está caindo, pelo menos nos países desenvolvidos. Por causa disso, elas agora têm expectativas diferentes a respeito dos homens. Costumavam querer um homem para apoiá-las, mas isso não é mais tão prevalente. Agora elas esperam que os homens sejam mais sensíveis, mas ainda assim sejam homens. Alguns homens sentem que este é um objetivo irreal. Em geral, os homens precisam encontrar um compromisso entre a sensibilidade que atenda às necessidades de uma mulher e sua própria masculinidade.

Algumas mulheres são mais tradicionais, no entanto. Elas querem que um homem seja bonito, forte e seguro de si mesmo e de suas finanças. Se esse é o tipo de mulher que você deseja, então terá de ser capaz de preencher materialmente esse papel para atraí-la.

Mas há mulheres por aí dispostas a construir algo junto a um homem, desde que sejam colocadas em primeiro lugar na vida dele. Esse aspecto de um relacionamento é fundamental para qualquer mulher. Se uma mulher sente que ela é a coisa mais importante na sua vida, então seu relacionamento será muito mais suave. No entanto, se você tornar seus amigos mais importantes, pode haver problemas entre vocês dois. Isso também é verdade se sua mãe é percebida como mais importante do que sua mulher na sua vida.

Enviando os Sinais Corretos

Sua alma gêmea vai encontrá-lo se você enviar os sinais certos para o universo. Certa vez, fiz uma leitura para um homem que tinha vivido sozinho a vida inteira. Vi que ele ia encontrar sua alma gêmea e eu lhe disse isso. Ele estava em dúvida e me disse que viveu sozinho por muitos anos e não achava que as coisas mudariam, e que era velho demais para se apaixonar. Esse é o tipo errado de mensagem para enviar ao universo.

Um dia, esse homem levou seu cachorro para passear. O cachorro o levou até outro cachorro, que estava andando pelo mesmo caminho. Do outro lado da coleira estava o amor de sua vida. Ela nunca se apaixonou e nunca se casou. Eles se apaixonaram e agiram como adolescentes de 20 anos.

Portanto, esteja preparado e envie os sinais certos:

- Uma boa higiene pessoal é muito importante e você deve se vestir da melhor maneira possível. Desodorante, dentes e unhas limpos são uma boa ideia.

- Seja confiante, mas não arrogante.
- Muitos homens acreditam que mulheres bonitas são superficiais. Isso é uma inverdade e geralmente está apenas na mente do homem.
- É importante que você seja persistente em seu esforço de ir atrás de uma mulher sem perseguir ou agir como desesperado.
- Aprenda a ser romântico. As mulheres gostam de romance. Continue assim quando estiverem juntos. Os homens geralmente conseguem ser românticos até que tenham "capturado" a mulher e daí não se esforçam mais.
- Façam uma viagem juntos antes de se comprometerem. Essa é uma das melhores maneiras de descobrir se vocês são compatíveis. Você precisa de uma mulher que não seja apenas uma amiga e amante, mas também alguém que você goste de ter por perto.
- A gentileza é muito importante para uma mulher. Mas, se você for afável demais, as mulheres vão tirar proveito de você e não vão respeitá-lo.
- É verdade que muitas mulheres têm o dinheiro como prioridade, mas há algumas que têm a espiritualidade em primeiro lugar. O segundo item na lista geralmente é que o homem seja bonito. O terceiro, pelo menos para a maioria das mulheres, é o sexo. Por isso é importante aprender a ser um bom parceiro sexual. Você deve saber como satisfazer uma mulher.

Só Mais Uma Palavra...

Homens, vocês têm de entender que a maioria das mulheres adora conversar. Elas adoram falar sobre seus relacionamentos antigos para que possam resolver quaisquer problemas antigos. Também adoram compartilhar detalhes íntimos sobre a vida delas porque querem sentir que podem confiar em você.

Quando os homens começam a compartilhar seus sentimentos íntimos, é possível que o medo entre no relacionamento. Os homens podem ter medo de revelar muito sobre si mesmos.

Assim que uma ou outra pessoa começa a sentir que compartilhou demais, a parte mais vulnerável pode desistir. Por isso é preciso limpar seus medos de estar em um relacionamento íntimo, ou tudo o que você vai atrair serão outras pessoas que têm medo de relacionamentos.

Capítulo 10

A Alma Gêmea
e o Sexo

Para atrair um homem ou uma mulher, primeiro você precisa saber como isso é feito em termos práticos. Muito disso é sobre sexo, e não deixe ninguém lhe dizer o contrário. O sexo é uma faceta muito poderosa no mundo da interação entre homens e mulheres.

Não estou falando do ato sexual em si, mas da energia que é criada quando há atração por outra pessoa. Quando isso acontece, começamos a emitir feromônios e hormônios que percorrem o corpo. Esses mensageiros químicos enviam informações, tanto dentro quanto fora do corpo para a outra pessoa.

Hormônios

São nossos hormônios que nos dão o impulso para o sexo. Se você não tem dopamina, serotonina, estrogênio ou testosterona suficientes no seu sistema, não terá desejo sexual nem desfrutará do sexo, mas também há muitos outros benefícios desses hormônios. Os hormônios que nos dão desejo sexual igualmente nos ajudam a gostar de ouvir música. Eles também reforçam nossa espiritualidade, quando rezamos a Deus. Então, se o desejo por sexo não estiver presente, muitos outros desejos provavelmente também estarão faltando.

Testosterona e estrogênio realmente mantêm as duas partes de nossa espécie juntas. No passado, os homens eram sempre os provedores e as mulheres cuidavam das crianças. Muito desse impulso instintivo vem desses hormônios. Isso tem benefícios óbvios e, provavelmente, não teríamos sobrevivido como espécie sem o vínculo do par. Como podemos ver, a união das almas tem aspectos práticos e românticos.

Podemos ver os hormônios materialmente como substâncias em nossos corpos ou podemos percebê-los como presentes de Deus. Essas substâncias maravilhosas não apenas nos unem para a sobrevivência da espécie, mas também atuam como energias espirituais neste plano de existência.

Outro mecanismo de sobrevivência é a liberação de feromônios. Em termos animalescos, acredito que nosso corpo físico vai liberar feromônios quando somos atraídos por uma pessoa que é "compatível", pelo menos em alguns aspectos. Estamos liberando esses "aromas" de feromônios o tempo todo em um nível físico, e acho que a alma faz a mesma coisa com as vibrações ao procurar uma alma gêmea.

As pessoas se atraem umas pelas outras por meio da energia, e essa energia é expressa de muitas maneiras. Por exemplo, as pessoas são atraídas umas pelas outras por causa de sua aparência e como agem. Elas são atraídas por feromônios compatíveis e também porque podem sentir que seus próprios hormônios estão funcionando corretamente na outra pessoa. Se emitimos cheiros confusos uns para os outros, é difícil dizer se uma pessoa se sente atraída por nós. O equilíbrio apropriado dos hormônios no corpo nos permitirá agir de maneira adequada com relação aos demais. Com esse equilíbrio, podemos emitir os sinais certos para o sexo oposto.

O *Sistema Completo de Autocura: Exercícios Taoistas Interiores*, de Stephen Chang, é um livro excelente para equilibrar os hormônios por meio de exercícios taoistas. Nesse livro, há muitos exercícios interiores, um dos quais é o do cervo. Isso ajuda a equilibrar os hormônios em mulheres e homens com ou sem sexo. Ele afirma que pode aumentar ou diminuir os seios, depende do que você deseja. Também dá aos homens mais resistência e pode ajudar a se livrar de caroços e cistos. Fortalece os músculos internos da mulher permitindo que ela responda melhor ao sexo, também massageia os órgãos internos e dá mais energia.

Por causa da nossa dieta, muitas vezes não obtemos as vitaminas e minerais necessários para criar o suprimento contínuo de hormônios que mantém nossos níveis de testosterona e estrogênio equilibrados. Em alguns casos, as pessoas não recebem lipídios suficientes para criar hormônios. Há, no entanto, suplementações hormonais naturais disponíveis.

Baixa testosterona e baixo estrogênio tornaram-se problemas generalizados em áreas industriais do mundo por várias razões. Dieta, controle de natalidade, uso de cafeína, abuso de drogas e álcool, drogas farmacêuticas, lesões e envenenamento por metais pesados são apenas algumas das causas de desequilíbrios hormonais e infertilidade. Só recentemente a prescrição de testosterona aplicada sem injeção foi disponibilizada para homens e mulheres com baixos níveis do hormônio.

Homens com baixa testosterona têm pouca energia e perda óssea, ficarão flácidos e terão disfunção erétil. Se a causa for pressão alta ou doença cardíaca, então a testosterona baixa causará um efeito dominó desses distúrbios. Mas, se a baixa testosterona foi causada por uma lesão, a perda de adequada testosterona biodisponível pode causar pressão alta e doenças cardíacas. Isso nos mostra quão inter-relacionadas estão todas as funções do corpo.

Sem estrogênio, você não pode viver. O estrogênio é o componente-chave que se encontra com a serotonina no cérebro e ajuda na memória.

Tanto para homens quanto para mulheres, hormônios são a melhor maneira de saber se há estresse demais na vida. Por exemplo, rugas na pele podem ser retardadas mantendo níveis hormonais adequados. Se você tem desequilíbrios hormonais, eles podem ter sido causados por estresse emocional. É aqui que o trabalho de crença pode salvar o dia!

Outras coisas que ajudam são selênio e zinco. O zinco é necessário para a testosterona. Você também precisa ter zinco para auxiliar a vitamina C a trabalhar no corpo. A lecitina é uma ajuda para as funções sexuais. Se você teve uma bronquite muito forte, há uma boa chance de que seu corpo nunca tenha se recuperado completamente; isso também pode causar distúrbios hormonais. Muitas pessoas desenvolvem asma por causa da bronquite, e o zinco pode auxiliá-las a se recuperar completamente. Outro suplemento que pode ajudar é a argila bentonita comestível.

Poção Mágica Sugerida para Impotência

Se a pessoa não tem apetite sexual e a causa não é emocional ou psicológica, pode haver falta de vitaminas. Para aumentar o desejo sexual:

- Selênio, lecitina, conforme indicado pelo seu médico; vitamina E, conforme indicado; damiana, conforme indicado. Não sugira damiana se o pessoa tem ou teve câncer de próstata ou qualquer câncer sexual, porque contém estrogênio e alguns compostos que podem estimular o câncer. Mas todos os outros podem ser usados para aumentar o desejo sexual.
- Ginseng também pode ser usado. Tome um pouco por duas semanas, descansando duas semanas.
- Use damiana para engravidar.
- A lecitina e o zinco ajudam a abrir os capilares e a produzir testosterona.

Dna e Sexo

Acredito que todos têm memórias ancestrais de DNA que podem afetar sua vida. Mesmo que você ache que o sexo é uma coisa maravilhosa, seus ancestrais podem ter pensado que era terrivelmente errado e que deveria acontecer apenas para a procriação. Isso pode influenciar em como você se sente sexualmente no que diz respeito a alguém, sistema de crenças duplo em relação ao sexo. Por isso é importante explorar a possibilidade da existência de sistemas de crenças opostos que podem causar atritos na sua vida sexual. Você pode ter de fazer algum trabalho de crenças de nível genético sobre essas questões. Do ponto de vista genético, podemos ter herdado todos os tipos de crenças, de estigmas religiosos e sociais sobre sexo. Alguns desses conceitos antigos podem ter sido viáveis no passado, mas não têm lugar no presente.

Então, pergunte a si mesmo: como você realmente se sente sobre relacionamentos em um nível genético? Como você se sente? Como você se sente em relação ao seu nascimento? Como você se sente em relação à sua sexualidade? O que é sexy? Você acha que o sexo é errado?

Como o desejo sexual é uma força muito poderosa, tradições espirituais responderam a ele de maneiras diversas ao longo da história. Particularmente uma religião organizada, que se baseia na criação de um modo de vida para as massas seguirem. Obviamente, uma força tão poderosa como o sexo pode ser e tem sido percebida como algo que precisa ser controlado. Assim, a monogamia e o celibato foram amplamente promovidos. No caso da monogamia, pode-se dizer que foi desenvolvida para manter a paz, já que desejos mundanos podem criar rixas de longa data entre as pessoas. O celibato foi concebido em um esforço para liberar o apego de energias físicas e emocionais mediante devoção à divindade.

Parece que o apego ao sexo é visto como perverso por algumas pessoas. Com os atos de alguns indivíduos equivocados, talvez seja justificado, mas toda a comunidade não deve ser responsabilizada pelas ações de poucos. Isso levou a um infeliz jogo de culpa à medida que homens se relacionam com mulheres. Alguns homens parecem culpar as mulheres por seus desejos físicos, desejos que talvez não devam ser vistos como vis ou carnais, mas como um dom espiritual de Deus, como qualquer outra coisa especial na vida. Se o sexo fosse percebido como especial, talvez até mesmo os jovens não tivessem uma atitude tão descuidada em relação a ele.

Tão importante quanto isso, o fato é que há pouca ou nenhuma educação de nossos filhos sobre relacionamentos com o sexo oposto, o que observar nas pessoas e ao que se atentar quando procuramos uma alma gêmea.

A sexualidade deve ser vista como outra característica de uma vida espiritual que nos ensina que todos os aspectos da criação, incluindo esta incorporação em nosso corpo físico, devem ser considerados sagrados, particularmente quando a unidade de almas gêmeas se torna amor verdadeiro. No amor verdadeiro, a união sexual torna-se mais que um ato animalesco e transcende em algo espiritual, que está além do simples materialismo. Torna-se uma fusão alquímica de todos os aspectos do corpo, mente e espírito.

Para criar essa fusão alquímica, é importante trabalhar em quaisquer crenças negativas que possamos ter com relação a sexo.

O Chacra Sexual

Quando você encontra pessoas espiritualizadas que dizem que não estão interessadas em sexo ou relacionamento, é provável que elas tenham começado a desligar seu chacra sexual, que é a energia que naturalmente traz as pessoas a elas em primeiro lugar. Ter seu chacra sexual aberto é como ter um farol de energia enviando sinais para pessoas sexualmente compatíveis. Se a área de seu chacra sexual estiver aberta e você a mantiver dessa forma, também terá dinheiro, porque ela abre seu chacra básico para atrair abundância.

Seu chacra sexual tem muito a ver com quem e o que você é – o que você sente e o que você respeita. Desde o momento em que você é concebido até o momento em que nasce, por toda a sua vida e seus relacionamentos com os outros, se houve a energia do abuso, ela será mantida na área do chacra sexual. No entanto, boas lembranças também são armazenadas nesse chacra.

Penso que as pessoas fecham o chacra sexual por terem sido desiludidas por adultos que respeitavam quando eram crianças. As crianças têm a tendência de escolher um ou dois adultos parentais para ser o "herói". Quando a criança se sente decepcionada pelo "herói", cria desconfiança e isso se resvala nos relacionamentos mais tarde na vida.

Se a área do seu chacra sexual estiver aberta, você vai liberar os sentimentos de abuso e trará abundância. Por isso é importante mantê-la aberta e verificar periodicamente se está fechada. Fazer a meditação ThetaHealing (ver capítulo 1) vai equilibrar e abrir seus chacras. (Veja também *ThetaHealing Avançado*.)

Algumas das questões mantidas nessa área são a respeito de como você se sente em relação ao sexo – se é ruim, se é bom, se é pecado ou não. Também têm a ver com a forma como você se comunica consigo mesmo, com os outros e com o afeto. Se esse assunto o deixa desconfortável, é provável que você tenha alguns programas associados a esses problemas.

Uma coisa que pode acontecer com pessoas sensíveis ao seus relacionamentos (e à falta de amor neles) é que elas tendem a abrir e fechar seus centros psíquicos, e isso pode causar problemas físicos. O truque é manter essas áreas abertas o tempo todo.

Quando as pessoas se casam e têm filhos, uma certa porcentagem de homens começa a considerar a esposa mais como mãe do que como parceira sexual. Da mesma forma, as mulheres desligam seu chacra sexual quando não querem estar com seu parceiro ou quando sentem que seu parceiro não quer estar com elas. Ou, por outro lado, quando não querem trair o parceiro.

Isso causa muitos problemas físicos. Nas mulheres, as glândulas suprarrenais ajudam com testosterona. Quando o chacra sexual está desligado, acredito que as suprarrenais possam sofrer. Outra coisa que pode acontecer quando um casal desliga seus chacras sexuais é que ambos ganham peso e desenvolvem problemas intestinais. Seus níveis de estrogênio e testosterona diminuem e eles não têm energia. Esses hormônios nos dão energia no nosso dia a dia e têm outras funções importantes além do sexo.

Pode até haver problemas com as finanças. É possível criar alguma abundância a partir do chacra da coroa, mas essa energia é puxada pelo chacra da base. Se o chacra básico estiver bloqueado, não é provável que a abundância chegue como deveria. Lembre-se, abundância não é só sobre dinheiro. Abundância abrange muitos aspectos diferentes da vida, incluindo relacionamentos e família.

Um relacionamento sem sexo é um lugar solitário. No entanto, se o esteio da união for baseado apenas no sexo, haverá solidão de uma forma diferente. Isso é o que acontece com algumas pessoas – elas se casam jovens e se encontram em um relacionamento com uma pessoa que se tornou completamente o oposto delas. Eles se perderam em algum lugar ao longo do tempo.

Estes são aspectos muito importantes de qualquer relacionamento. Sempre que você compartilha DNA com outra pessoa, está ajudando a criar um vínculo entre vocês. Se a energia sexual for perdida, um aspecto-chave também será perdido no relacionamento.

As pessoas podem reconhecer quando alguém tem um chacra sexual aberto e níveis hormonais saudáveis quando entram em uma sala. É por isso que uma mulher pode ficar tão brava quando uma mulher *sexy* passa por seu homem! A mulher instintivamente sabe que seu território está sendo invadido. Isso acontece em segundos e é tudo em um nível instintivo. A mulher apenas passa e, instantaneamente, o homem sabe que ela é sensual.

Procriação

Os seres humanos foram feitos para criar dois pares de filhos em suas vidas. Você vê isso com algumas mulheres. Quando elas são jovens, têm um par de filhos, e então, quando ficam mais velhas, têm outra dupla de filhos. As mulheres atingem seu pico sexual aos 35 anos, e é aí que algumas começam uma segunda família.

Mulheres Mais Velhas

Dos 35 anos aos 45 ou 50 anos, uma mulher de repente está em outro mundo. A natureza a despertou com um novo impulso, sussurrando para ela: "É hora de conceber novamente". Isso porque seu corpo sabe que em breve ela passará do seu período ideal para ter filhos. É também por isso que mulheres de 35 a 50 anos e homens de 18 a 25 anos são bons parceiros sexuais – ambos estão no auge sexual. Mas isso não significa que eles sejam bons pais... ou uma boa família.

Homens Mais Novos

Muitas mulheres sentem que a única coisa que os homens pensam é sexo. Isso não é verdade, porque ocasionalmente eles pensam em outras coisas. Mas um homem jovem tem enormes quantidades de testosterona e isso o faz pensar em sexo quase o tempo todo, inclusive quando está na escola. Se ele estivesse em um ambiente mais primitivo, estaria acasalando. O impulso sexual nos homens é incrivelmente forte, mas se eles não o tivessem, com toda a honestidade, não gostariam de estar perto de mulheres, então a espécie não continuaria.

Homens jovens têm um impulso incrível para se reproduzir e começarão a investigar sua sexualidade assim que puderem. Eles não veem as consequências de suas ações e precisam ser ensinados que o sexo é uma coisa sagrada e incrivelmente bela entre as pessoas, a qual não deve ser tomada levianamente. Eles devem ser informados de que, assim que você compartilha seu corpo com alguém, compartilha o DNA com essa pessoa.

Há pouca ou nenhuma formação dos nossos homens jovens sobre relacionamentos futuros com o sexo oposto. Primeiro, a natureza não ativa totalmente o lobo frontal dos machos até os vinte e poucos anos. Acredito que uma das razões para esse fato é que eles têm o desejo de procriar sem pensar nisso. Esse é um dos truques da natureza para garantir que tenhamos filhos no mundo e que haja propagação da espécie. Assim, os jovens fazem sexo e têm bebês sem pensar. É a maneira de a natureza garantir que as pessoas se reproduzam.

Homens Mais Velhos

A natureza tem outro truque na manga mais à frente na vida dos homens. Por volta dos 45 ou 50 anos, os homens começam a se sentir um pouco inseguros. Chamamos isso de "crise da meia-idade". De repente, o homem diz: "Eu tenho tudo que eu queria na minha vida? Fiz tudo o que precisava fazer?".

Subitamente, ele tem o desejo de ser jovem de novo. Isso é apenas hormonal e com muitos homens é facilmente superado.

É um fato, porém, que os homens que estão com mulheres mais jovens sempre parecem mais jovens. Mulheres mais velhas com homens mais jovens sempre parecem mais jovens também. É um truque da natureza garantir que eles façam o melhor que puderem em termos de reprodução.

Apaixonando-se Novamente

É possível se apaixonar por muitas pessoas diferentes ao longo da vida. Alguns de nós se apaixonam pela nossa professora do segundo ano da escola. Algumas pessoas se apaixonam pela primeira vez aos 16 ou 17 anos e têm pouca ideia do que a vida significa para elas. Quando você tem 20 anos, pensa que sabe tudo, mas está tão cheio de hormônios que é difícil pensar direito, e se apaixonar nessa época geralmente é intenso. Quando chega aos 30 anos, tem certeza de que pode fazer as coisas funcionarem em sua vida, mas ainda tem a capacidade de se apaixonar. Quando você chega aos 40, está apenas tentando se preparar para os 50, mas ainda há esperança de que o amor possa ser encontrado. O que significa ter 50 anos para você? Cinquenta é quando você é sábio e determinado. Em algumas culturas, as pessoas não se casam até os 50 anos. O amor delas é menor? Não, a magia do amor ainda é mágica.

A ciência teoriza que temos um gene para nos apaixonarmos. Os cientistas acham que o sentimento de "paixão" dura um ano e é por isso que no segundo ano de casamento as coisas são mais difíceis. Acho que isso é verdade com pessoas que se apaixonam repetidamente por indivíduos diferentes. Elas são viciadas nas sensações que são liberadas quando conhecem uma nova pessoa e, de repente, têm um brinquedo novo e brilhante! Em um relacionamento monogâmico, você pode facilmente se apaixonar repetidas vezes por seu marido ou esposa da mesma forma. Não consigo lhe dizer quantas vezes me apaixonei por Guy.

Acho que aos 40 anos, todos sabemos o que queremos da vida. Podemos raciocinar com clareza e, de repente, pensamos: "Estou infeliz e preciso mudar alguma coisa". O desafio é discernir se esses pensamentos são dirigidos pela reprodução ou se são questões viáveis com nossa situação. Acho que uma "crise da meia-idade" tem muito a ver com olhar para sua vida, mas sem destruir a família no processo. Se souber compartilhar seus sentimentos, nenhum de vocês vai se afastar do outro. Se você não sabe como compartilhar seus sentimentos, pode se desviar e acabar com a pessoa errada.

À medida que você envelhece, seu gosto pelo sexo oposto muda, mas seu interesse não desaparece. Lembro-me de quando era adolescente, olhava para homens de 50 anos nos filmes, pensando: "Eles são tão velhos!". Agora, adulta, assisto aos mesmos filmes e penso: "Charlton Heston – que homem bonito!". Pense em Gregory Peck quando ele ficou um pouco mais velho e começou a ter rugas nos cantos dos olhos. Agora que estou mais velha, acho que isso o tornou ainda mais *sexy*. Quando Sean Connery era mais jovem, eu não o achava tão atraente, mas quando ficou mais velho, cara, ficou *sexy*! Mesmo quando ele era um homem de 70 anos, sua voz e sua energia o tornavam muito atraente. George Clooney e Brad Pitt também parecem ficar melhores à medida que envelhecem!

Acredito que o sexo é uma escolha pessoal e também acho que existem pessoas na casa dos 70 que ainda são sexualmente ativas. Acho que o amor é muito mais profundo do que o simples contato físico, e imagino que estarei sexualmente ativa quando tiver 80 anos.

Um ou Muitos?

Quando você é uma pessoa espiritualizada e faz sexo com alguém, vocês começam a compartilhar energia espiritual um com o outro. Isso une a energia de ambos de uma maneira difícil de definir, mas, uma vez que você tenha experimentado isso, sabe que é um vínculo como nenhum outro. Todos nós sabemos que o corpo ainda é animalesco em alguns aspectos. Temos desejos de procriar e desejos de sexo. Se você não sente vergonha do sexo e tem respeito por ele, sabendo que é uma energia espiritual, pode se sentir diferente com relação a isso.

Não é a mesma coisa que pensar que você pode amar mais de uma pessoa e ter vários relacionamentos ao mesmo tempo. Eu encontrei pessoas no mundo metafísico tentando me dizer que a forma mais elevada de amor ocorre quando você pode amar cinco ou seis pessoas diferentes, usando a desculpa de "Deus ama a todos".

Eu acredito que Deus ama a todos e que você provavelmente pode amar cinco ou seis pessoas diferentes. Para alguns, é mais fácil amar muitas pessoas do que deixar alguém amá-lo completamente. Mas isso não funciona tão bem em termos práticos; é provável que seu espírito seja atraído para uma delas mais do que para o resto e, inevitavelmente, alguém vai ficar com ciúmes e causar atritos. Acredito que a espécie tem mais sucesso quando duas pessoas se amam completamente. Creio que esta é a realização espiritual final. Para mim, o vínculo supremo é amar e ser amado completamente por uma pessoa, e apenas uma pessoa.

Conheço o posicionamento dos biólogos que dizem que os homens têm uma necessidade direta de acasalar com mais de uma mulher, mas acredito que o amor prevalece sobre essa necessidade. Entendo também que há culturas nas quais um homem pode ter muitas esposas, mas penso que esse arranjo seria difícil para todas as partes envolvidas.

Não cabe a mim julgar, e acredito que se possa definitivamente amar mais do que uma pessoa, mas isso depende da maneira que você a ama. Acredito que dizer que você ama mais de uma pessoa é uma espécie de fuga, porque assim você não é obrigado a conhecê-la completamente, nem está se comprometendo espiritualmente com ela como parceiro para alcançar uma virtude.

Em muitos casos, as pessoas atraem muitos parceiros porque são todos aspectos diferentes do que desejam em alguém. Elas estão procurando por um parceiro que tenha todos esses aspectos, uma alma gêmea.

Uma citação interessante, embora talvez simplista, vem de Paul Newman. Em uma entrevista, ele estava expressando seu amor por sua esposa quando, de alguma forma, a conversa mudou para o assunto da monogamia. Sua declaração sobre o assunto foi mais ou menos assim: "Por que eu sairia para comer hambúrgueres quando posso ir para casa e comer um bife?".

O Gene da Monogamia

Depois de trabalhar com milhares de pessoas, comecei a ver padrões que sugeriam a existência de um gene para a monogamia, bem como um gene para a não monogamia. Acredito que aproximadamente 70% das mulheres nascem com o gene da monogamia e provavelmente 50% dos homens.

A diferença que observei entre as pessoas que têm e as que não têm é esta: se você não possui o gene da monogamia e conhece alguém e faz sexo com ele(a), você não vai se sentir culpado quando for para casa com seu(sua) companheiro(a). Porém, se você tem um gene de monogamia, vai sentir que foi colocado(a) no espremedor por causa da culpa.

Se você foi criado para ser monogâmico e não tem o gene da monogamia, ainda pode se sentir um pouco culpado, mas não do jeito que se sentiria se fosse instintivamente leal ao seu parceiro em seu DNA.

Ter o gene da monogamia não significa que você será mais leal; lealdade é uma escolha espiritual. Significa apenas que você se sentirá culpado quando não for leal.

Pessoas sem o gene da monogamia também podem ser leais; elas apenas têm de trabalhar para isso.

Traição

Assim que comecei a fazer leituras, descobri que um bom número de pessoas estava traindo em seus relacionamentos. Este era um novo e estranho padrão de comportamento humano para mim, e eu estava interessada em conhecer suas motivações. Encontrei vários padrões. Alguns disseram que não receberam nenhum amor em casa. Com outros, era uma questão de autoestima, enquanto outros queriam "ver se podiam", por causa do ego. Às vezes, simplesmente adquiriram o hábito e o seguiram por toda a vida.

Hoje em dia, algumas pessoas têm muito medo de relacionamentos duradouros. Às vezes elas começam um caso com alguém que é casado para não ter de se comprometer. Essa pode ser uma decisão extremamente solitária para elas.

Em outros casos, há pessoas em relacionamentos duradouros que traem o tempo todo. Essas pessoas juram que isso ajuda seu relacionamento porque faz com que elas se sintam jovens.

Mas todo traidor em quem eu já fiz leituras tem a seguinte crença: "tenho medo de deixar alguém me amar".

Há sinais que mostram que uma pessoa que está sutilmente tentando ter um relacionamento casual com você é um traidor. Quando você está procurando uma alma gêmea, precisa estar alerta para isso.

O principal é que ela lhe dirá quão infeliz está em seu relacionamento. Se a pessoa começar a falar sobre seu casamento miserável, há uma boa chance de que ela esteja enviando um sinal para ver se você tem valores morais afrouxados. Às vezes, esses tipos são mais francos e simplesmente saem e lhe perguntam.

Você pode se sentir atraído por eles, mas saiba que o que uma pessoa faz em sua vida pessoal reflete sua verdadeira natureza. Se alguém trair seu companheiro ou sua companheira, pode trapacear nos negócios e em tudo mais na vida.

Dito isso, fiz milhares de leituras em pessoas boas que estão presas em relacionamentos difíceis, e qualquer um pode trair se estiver em más circunstâncias. Para aqueles de vocês que se encontram nessas situações, devem saber que são parte de Deus e merecem ser amados. E você não deve se contentar em ser o número dois em um relacionamento. Acredito que ninguém deva ser o segundo melhor e todos nós merecemos ser amados completamente.

Um traidor chega a ser o "amante" e nunca tem de ser responsável em um relacionamento. Ele se apaixona repetidamente por muitas pessoas diferentes e isso se torna o vício, como fumar uma marca de cigarro e depois mudar para outra marca a cada semana. Em um relacionamento de alma gêmea, você precisa se dedicar ao seu parceiro como o amante, o marido, a esposa, o amigo, o protetor, e assim por diante. Esse tipo de compromisso é responsabilidade demais para algumas pessoas.

Exclusividade Espiritual

Há também mulheres que têm o que chamo de "energia de deusa". Elas sempre têm alguém em sua cama até encontrarem sua verdadeira alma gêmea. Senhoras, é muito difícil para um homem se apaixonar por vocês quando vocês estiveram com tantas pessoas que não conseguem lembrar quantas foram. Então, se você é promíscua e está esperando por um amor verdadeiro, considere acabar com essa atitude na sua vida. Isso vai ajudar a manter a energia da sua alma para você mesma, para que possa encontrar um amor completo.

Se você de fato ama alguém completamente, nunca sairá do seu caminho para machucá-lo. Portanto, a menos que ambos concordem com um relacionamento aberto, você provavelmente não deve se envolver nesse tipo de comportamento, porque pode se tornar viciante.

Você pode perguntar: isso é real para algumas pessoas? Sem dúvida, algumas pessoas não conseguem ou não querem fazer isso. Bem, ensino esses conceitos para pessoas que querem crescer espiritualmente. A promiscuidade não é uma forma de um curador viver e está quebrando uma das leis da cura. De acordo com as tradições antigas, estar focado em um parceiro constrói a essência da alma, porque uma virtude é alcançada. Espalhar sua energia entre várias pessoas só lhe traz muitos fragmentos de alma e parte de sua energia é perdida para os outros.

Se você tem sido promíscuo, deve retirar sua energia de todas essas pessoas diferentes e chegar à conclusão de que merece um amor verdadeiro e completo. É importante saber que seu corpo, mente e alma são todos especiais. Não se trata de com quantas pessoas você esteve, mas de uma pessoa especial com quem você pode compartilhar sua vida, sem sempre ter de juntar fragmentos de sua alma (ver capítulo 12) e gastar sua energia com aqueles que não a merecem. O real caminho da verdadeira divindade é aprender a ser leal e deixar que uma pessoa o ame completamente.

Se você deseja progredir espiritualmente, é importante dar este passo em direção a permitir que alguém o conheça, além de conhecer e amar essa pessoa. Saber que você é o primeiro lugar na vida de alguém é muito significativo para um relacionamento espiritual. Todos merecem a chance de avançar espiritualmente dessa maneira.

O ThetaHealing não é apenas uma técnica que nos leva a uma onda cerebral Theta para "fazer as coisas acontecerem". Ele também "faz as coisas acontecerem" à medida que mudamos nossas crenças para nos tornarmos merecedores e claros nos pensamentos. Ele cria pensamentos "leves" que mudam o planeta e, por sua vez, o universo. As pessoas interessadas em usar as leis do universo, mudar o tempo, mover a matéria e fazer coisas incríveis como deuses e deusas precisam de um parceiro de vida divino. Uma pessoa que tem muitos parceiros sexuais ao mesmo tempo vai achar difícil manter formas-pensamento de alta vibração, mover coisas com a mente e fazer curas surpreendentes. Com muitos parceiros, esse cenário simplesmente não funciona.

Fazer Amor

Quando se trata de estar apaixonado, não há aulas que ensinem como estar com alguém e ser um bom amante. O que é importante é que, quando vocês se unirem de maneira sexual, se concentrem um no outro. Muitas pessoas pensam que devem fantasiar quando fazem amor. Alguns homens fantasiam para fazer-se durar mais tempo para a mulher. Mas, se você se concentrar novamente no toque, na energia, na gentileza e no amor que sente por seu(sua) parceiro(a), seu ato de fazer amor vai melhorar. Concentrar-se na pessoa com quem você está faz toda a diferença do mundo. Palavras de gentileza também podem transformar um encontro sexual em fazer amor.

Às vezes, é claro, há sexo, e outras há fazer amor. Nenhum desses encontros deve causar qualquer dor ou desconforto. Diga ao seu parceiro o que você quer e o que não quer fazer, ou você pode ficar ressentido. Certifique-se de que você e seu parceiro tenham os mesmos interesses, mas acima de tudo, se a espiritualidade é sua busca, concentre-se na essência da alma do seu parceiro e em como ele faz você se sentir.

As mulheres reclamam que "homens só querem sexo". Mas sexo não é amor? Para a maioria dos homens, o sexo é uma expressão de amor, porém as mulheres reclamam que os homens podem ser superficiais quando se trata de assuntos de sexo. Ao ir para a cama com seu parceiro, você não deve pensar que é uma tarefa árdua.

Se no início de um relacionamento o sexo é ruim ou desajeitado, isso sobrecarrega a energia entre o casal em formação. Os primeiros momentos de contato que você compartilha são muito importantes entre duas pessoas que estão se unindo como almas gêmeas.

Só porque você coloca alguém na sua cama não significa que ele vai ficar lá. Meu pai uma vez me disse algo que eu não queria admitir, mas que pode ser verdade. Ele me disse que, se você fosse bom na cama, poderia manter seu companheiro ao seu lado.

Ser bom de cama não é sobre movimentos ou acrobacias. Tem muito a ver com a compatibilidade de seus corpos. Muito disso se resume aos fundamentos simples da fisiologia. Se a mulher é muito afrouxada ou se o homem não é grande o suficiente, ou se o homem é muito grande ou a mulher muito pequena, então há alguns problemas definidos no início. Uma mulher nunca deve ter a região pélvica muito frouxa para um homem. Ela deve ser capaz de se apertar o suficiente para qualquer homem. Existem exercícios que mantêm uma mulher firme o bastante para ter vários orgasmos.

Um parceiro masculino maduro vai saber que deve agradar uma mulher. Isso significa que ele deve sustentar a energia tempo suficiente para que ambas as pessoas tenham um orgasmo. Muitos homens não percebem que devem satisfazer uma mulher, e essa é uma das razões pelas quais eles não conseguem manter uma.

Uma mulher sexualmente satisfeita é muito mais equilibrada emocionalmente, porque é capaz de liberar essas energias reprimidas. Os antigos taoistas acreditavam que poderiam alcançar uma saúde equilibrada fazendo sexo. Também acreditavam que o sexo tinha de ser feito de maneiras específicas. Eles ensinavam "exercícios interiores" que mantinham a energia sexual tanto do homem quanto da mulher funcionando como deveriam. Refiro-me ao livro que mencionei anteriormente, *The Complete System of Self-Healing*, de Stephen Chang.

Quando você faz amor com alguém que ama e de fato se concentra no seu parceiro, é possível ter experiências incrivelmente espirituais e se aproximar do divino.

União do Sétimo Plano

Com uma alma gêmea compatível, a união sexual pode se tornar mais do que um ato animalesco e transcender para algo espiritual.

Para melhorar a experiência sexual entre um casal, recomendo o exercício taoista do cervo, tanto para a energia masculina quanto para a feminina. Pode ajudar a mulher a ser mais atraente, mais sensual e mais apertada. Pode auxiliar o homem a ser mais atraente e ter ereção mais duradoura. Também pode colocar o corpo em sincronia e ajudar na sensibilidade. Se vocês praticarem esse exercício por um mês, ambos os parceiros podem ficar hormonalmente equilibrados.

O casal deve subir junto ao Sétimo Plano enquanto pratica sexo. Isso faz com que as duas pessoas sintam que se tornaram uma energia. O homem tem de estar muito focado, claro e disciplinado nessa tarefa, para não perder a noção do que está fazendo. Se o casal for bem-sucedido, isso aumenta a experiência sexual e ambos podem sentir um vínculo profundo entre si.

Quando as almas se fundem em união espiritual, uma energia pura é criada entre as duas pessoas, como uma pederneira atingindo o aço que cria a faísca para o fogo. Esse fogo é aceso no ato da união espiritual sexual. Quando a intimidade total é alcançada nessa união, é possível experimentar cores, luzes e energias que são criadas a partir dessa energia, porque você está compartilhando todo o seu ser e cria-se um vínculo que se torna eterno.

Quando duas pessoas se unem como almas gêmeas compatíveis, deve ser uma das mais altas uniões na espiritualidade. Para mim, é isso que o sexo deveria ser. Na união sexual correta, você deve ser capaz de compartilhar todo o seu ser com alguém – compartilhar tudo em uma fusão de duas almas. Quando você encontra sua alma gêmea mais compatível, a união é tão profunda que você realmente compartilha essências de si mesmo, até mesmo sonhos e memórias.

Essa fusão de almas não tira a diversão do sexo. Algumas pessoas aprenderam que sexo e espiritualidade são duas coisas diferentes. Aprendemos isso com nossos ancestrais. Mas, na verdade, quando vocês se fundem como verdadeiras almas gêmeas, ambos o fazem em energia de êxtase.

Parte III
CONVIVENDO COM UMA ALMA GÊMEA

Capítulo 11

Vivendo Junto

Uniões de almas gêmeas de vida compatível são parte da evolução da Terra. Como verdadeiros parceiros, um casal deve evoluir e se transformar juntos. Parte do nosso desenvolvimento como seres humanos é aprender a aceitar outras pessoas por quem e como elas são. É muito importante que você não romantize tanto sobre um parceiro a ponto de não o ver como ele é. O termo "o amor é cego" também se aplica a almas gêmeas. É imperativo que, quando encontrar sua alma gêmea, você a aceite por quem ela é. Mas você também deve ter em mente que vocês dois podem se tornar pessoas melhores por meio da interação que só pode acontecer a partir de tal união.

De certa forma, provocamos nos nossos companheiros nossa expectativa. É por isso que as pessoas agem de maneira diferente em relacionamentos diferentes. Estamos fazendo escolhas em um nível inconsciente, dando sinais para a pessoa com quem estamos, trazendo à tona o que há de bom nela ou, talvez, realçando o que há de mau.

Por exemplo, ensinei Guy a ter senso de humor, porque, quando ele entrou na minha vida, estava emocionalmente muito traumatizado por seu relacionamento anterior que tinha perdido!

A pessoa com quem você está deve ter uma vibração compatível com a sua. Se ela não compartilha sua visão de vida, isso pode dificultar as coisas. O companheiro ou a companheira é também literalmente importante para a saúde do seu coração. Você pode ser afetado por pensamentos e ações das pessoas a quem está próximo.

Realmente, a única maneira de fazer um relacionamento com uma alma gêmea sobreviver é amar a si mesmo. Se você não se ama, um relacionamento de alma gêmea pode ser muito difícil. Se você se ama, pode reconhecer que ainda ama outra pessoa, mesmo quando está com raiva dela. Você nunca deve se esquecer de que ama sua alma gêmea.

No entanto, um amor de alma gêmea nem sempre é um amor fácil. Ainda que você tenha conhecido e amado sua alma gêmea em vidas passadas, não significa que ela vai ter exatamente o mesmo tipo de personalidade que tinha antes, e sua personalidade também não é a mesma. Mas, em geral, qualquer que seja sua personalidade hoje, uma alma gêmea saberá exatamente como o deixar com raiva, porque ela o conhece muito bem.

Uma forma de obter uma visão do que está acontecendo é por meio da astrologia.

Astrologia e Alma Gêmea

Da maior galáxia à menor partícula, tudo no universo tem uma vibração que o conecta com toda a existência. Por causa da interconexão de todas as coisas, nada acontece por acaso e tudo na vida importa. Quando você veio a este mundo, veio aqui por uma razão, e a data de sua chegada foi programada para coincidir com certas energias neste Terceiro Plano. A data de seu nascimento está ligada ao seu tempo divino, sua missão nesta vida.

Com isso em mente, quando você está fazendo perguntas profundas ao Criador, sugiro que questione: "Onde é o melhor lugar para eu viver, o local que trará minha vibração mais elevada e estimulará minhas energias externas e internas? Que lugar tem a melhor energia para mim, para o meu corpo? Onde é o lugar mais saudável para eu morar?".

O que você não deve fazer é uma pergunta como: "Criador, para onde você quer que eu vá?" ou "Onde você quer que eu vá?". Vou dizer por quê.

Certa vez, busquei uma leitura astrológica de um profissional que mapeou meu horóscopo. Não sei se você já fez uma dessas, mas elas são muito precisas, informativas e profundas no conteúdo. Parte da leitura se concentrou em onde seria o melhor lugar para eu morar. Disse-me que, de acordo com meu horóscopo, a Espanha e o Havaí eram os locais mais adequados à minha energia, e onde eu morava em Idaho era o pior lugar. Aparentemente, morar em Idaho traria à tona todas as questões internas que eu tinha e até me levaria a todas as iniciações que fosse possível ter.

O astrólogo me disse: "Se você conseguir aprender a viver em Idaho, pode morar em qualquer lugar. Idaho é um lugar insalubre para você estar".

Ficou evidente que o Criador sabia exatamente onde me colocar a fim de trazer todos os meus problemas para que eu encontrasse uma forma de liberá-los. Se eu morasse em um lugar que fosse fácil para mim, nunca teria criado o ThetaHealing, que (em parte) nasceu do fato de meu ambiente ser hostil a mim em todos os níveis do meu ser. É verdade que essa situação quase me matou algumas vezes, mas aprendi a sobreviver. (Finalmente me libertei disso e me mudei para Montana.)

Quando o astrólogo leu o horóscopo de Guy, ele inicialmente lhe disse que eu seria um desafio como alma gêmea. Como Guy é Áries com ascendente em Áries e sou Capricórnio com ascendente em Escorpião, eu iria, nas palavras dele, "mastigá-lo e cuspi-lo". No começo ele não conseguia descobrir por que estávamos juntos. No entanto, à medida que a leitura avançou, ficou claro para ele: parece que Guy tem um "dedo de Deus" em seu mapa. Aparentemente isso não é uma coisa comum de se ter em um horóscopo e significa que ele nasceu com uma missão específica de Deus. Pela leitura astrológica, parece que Guy e eu estamos em uma missão especial e vamos realizá-la juntos.

Pode ser que, quando você começar a namorar uma pessoa, seu signo do zodíaco brigue com o signo dela. Porque Guy é um sol em Áries com ascendente em Áries, ele é uma pessoa caseira. Ele gosta de comandar em casa. Sou uma capricorniana, o que significa que minha casa é minha casa, então estávamos indo para uma colisão de cabra contra carneiro!

Quando fomos morar juntos, Guy estava com medo de que eu tirasse todas as decorações dele e as substituísse pelas minhas. Eventualmente, juntamos nossas coisas e criamos um equilíbrio entre as energias e formas de expressão de cada um. Ainda assim, ficou muito óbvio para mim que a casa era dele. Eu tinha a escolha de lutar com ele pela casa ou deixá-lo ficar com ela. Após refletir, deixei que ficasse com ela.

Agora a cozinha é dele e ele é o rei. Porque ele é o rei, cozinha, limpa e lava a louça! Como sou a rainha, Guy cozinha para mim, me serve a comida e esfrega meus pés todas as noites, mas na verdade é ele quem manda em casa. Quem decora, lava a roupa, lava a louça e limpa tem o poder na casa, porque está ancorando sua energia em todos os aspectos dela.

O escritório é meu e, de vez em quando, tenho de lembrá-lo de que é assim. Sou a responsável pelo instituto, enquanto a fazenda, o jardim, o labirinto e a casa são de responsabilidade dele.

Algumas pessoas dizem que astrologia é alarde, mas observei que, em geral, as pessoas agem de acordo com seu signo solar e seu signo ascendente. Se eles forem diferentes, elas parecem agir mais como seu signo ascendente. Sou capricorniana com ascendente em escorpião e ajo mais como escorpiana.

Quando se trata de relacionamentos, olhe para o seu signo lunar. Isso mostra como seu subconsciente age e como você é em um relacionamento amoroso.

Se você conseguir descobrir os signos da sua alma gêmea, vai ter uma boa ideia de como ela vai agir no relacionamento. Entender os signos do meu marido me ajudou a saber como lidar com ele.

Adaptando-se

Quando você se conecta à sua alma gêmea, vocês dois dão início a um processo de adaptação. Na maioria dos relacionamentos, a mulher vai encher a casa com sua energia e a deixará do jeito que ela quer que seja. Esse ato vai além do simples estilo de decoração – é um ato direto de dominação no lar. Isso revela quem será o chefe depois que a fase de namoro do relacionamento terminar (observe que a fase de namoro nunca deve ter um fim). É essencialmente uma luta de poder subconsciente entre os parceiros.

Isso é algo que você quer evitar. É importante dar um passo para trás e olhar para a situação a partir de uma perspectiva mais elevada. Mesmo com uma alma gêmea divina, a vida tem tudo a ver com compromisso. Como eu disse, em meu relacionamento, quando começamos a ter conflitos sobre de quem era a casa, dei um passo para trás e deixei que Guy dominasse a casa. Capricornianos são pessoas realmente orientadas para o lar e é difícil para eles abrir mão desse tipo de controle, mas fiz isso pelo benefício do relacionamento. Tive de me retirar do conflito e permitir ao Guy me amar.

Se você vai montar uma casa com sua alma gêmea, é preciso decidir quem vai fazer o que no relacionamento. Além disso, vocês geralmente vão ter trabalhos de crença para fazer juntos, à medida que crescem e aprendem um com o outro.

Na minha própria experiência, é melhor compartilhar a energia da decoração da casa com seu parceiro. Se a mulher assume demais, o homem pode começar a se sentir insignificante na casa. Se o homem for dominante, a mulher começará a se sentir impotente e sem expressão. Nas relações do mesmo sexo, quem é dominante depende da personalidade das pessoas envolvidas, mas a mesma dinâmica está em ação.

Sempre combine a decoração de modo que ela atenda às necessidades de vocês dois. Se não houver compromisso nesse aspecto de um relacionamento, isso pode causar todos os tipos de ressentimentos que apodrecem na mente inconsciente e se manifestam na realidade com explosões de raiva.

É por isso que sinto que é melhor que os novos casais não morem em uma casa que anteriormente pertencia a um deles. É melhor se mudar para uma nova casa que dê ao casal um novo começo, sem o fardo das crenças que provavelmente são inerentes à casa.

Trazendo *Downloads* de Felicidade para a Casa

Quando vocês preparam um lar juntos como um casal, certifique-se de baixar o tipo certo de sentimentos em sua residência para criar harmonia no relacionamento.

Acredito que sempre que tocamos em um objeto sólido inanimado, deixamos nele uma impressão de memória magnética. Isso explica como o que chamamos de objetos inanimados podem ser programados com certos atributos. Podemos usar esse fato para abastecer nosso ambiente em nosso benefício.

Se você energizar os itens da sua casa com um propósito, eles emanarão a energia desse propósito. Vão refletir isso de volta para você, dando-lhe um porto seguro para recarregar sua mente, para que possa nutrir o relacionamento. Por exemplo:

- A mesa da sua cozinha deve ser programada para que haja sempre fartura de comida, e que quem come naquela mesa saia farto e satisfeito.
- Suas paredes devem permitir que você se sinta seguro.
- Seu sofá deve ser energizado para ser convidativo e para você se sentir confortável.
- Estatuetas e rochas podem refletir sacralidade e projetar abundância. Todos os minerais guardam memória. Uma coisa que você pode fazer com um cristal é baixar a energia do Sétimo Plano para ele, então, colocá-lo em uma sala. Ele vai emanar a energia do Sétimo Plano para dentro da casa.
- A cama deve ser programada com conforto, amor, descanso e diversão.
- Quadros podem ser energizados com energias de carinho, honra e inspiração (dependendo do tema).
- As esculturas podem ser energizadas com a apreciação da beleza, majestade e poder.

Programe todos os objetos na sua casa e no seu espaço com as intenções desejadas.

Programar um Objeto Inanimado

1. Concentre-se em seu coração e visualize-se descendo para a mãe Terra, que é parte de Tudo O Que É.

2. Suba através do seu chacra coronário em uma bola de luz e projete sua consciência além das estrelas para o universo.

3. Vá além do universo, além das camadas de luz, através da luz dourada, além da substância gelatinosa que são as leis, para uma luz branca perolada e iridescente, o Sétimo Plano de Existência.

4. Faça o comando e peça:

"Criador de Tudo o que É, é comandado ou pedido que este objeto seja programado com a habilidade de [nome da habilidade]. Gratidão! Está feito, está feito, está feito".

5. Testemunhe o *download* indo do Criador para o objeto.

6. Assim que o processo terminar, enxágue-se com a energia do Sétimo Plano e fique conectado a ela.

PROGRAME SEU AMBIENTE PARA POTENCIALIZAR SUA VIDA

1. Suba ao sétimo Plano como antes.

2. Faça o comando:

"Criador de Tudo O Que É, é comandado ou pedido que tudo em meu ambiente melhore minha vida.
Gratidão! Está feito, está feito, está feito".

3. Testemunhe os objetos na sua casa e arredores sendo energizados com energias que enriqueçam sua vida.

4. Assim que o processo terminar, enxágue-se com a energia do Sétimo Plano e fique conectado a ela.

Interação Humana e a Nova Família

As mulheres que têm filhos oferecem uma coisa extra em um relacionamento: você obtém tanto a mulher quanto os filhos no acordo. Quando você se casa com essas mulheres, está se casando com toda a família. Isso às vezes é uma verdade infeliz. A outra verdade é que uma grande porcentagem das famílias (tanto ricas quanto pobres) pode ser um Jerry Springer Show.* Esta é uma consideração quando você se casa com alguém. Como vocês podem se entender?

Filhas meninas parecem gostar dos namorados/novos maridos e filhos meninos gostam das namoradas/novas esposas. Essa situação pode ser diferente, é claro. No entanto, um homem que tem uma nova parceira com filhos geralmente vai encontrar uma filha menina que vai se adaptar melhor, enquanto um menino estará lutando por seu lugar como o homem da casa. Esses desafios são reais. Seja qual for a situação que você enfrenta, ir às compras é uma boa coisa para fazer com as meninas!

É importante lembrar que nós, humanos, agimos instintivamente em nossos relacionamentos com os outros. Por exemplo, os homens não se apegam tão facilmente aos filhos de outra pessoa quanto as mulheres. Há uma chance maior de que uma mulher aceite os filhos de outra mulher como seus. Isso porque, como a fêmea da espécie e por sua natureza e instinto, uma mulher é uma nutridora. Temos de lembrar que não importa quão civilizados nos tornemos, ainda estamos em um reino animal próprio.

Um bom exemplo disso é observado quando um homem conhece uma mulher que tem um bebê pequeno. Esse bebê instintivamente começará a emitir diferentes feromônios, que são projetados para fazer o homem se envolver com ele.

Os bebês adotados até mudam suas características para combinar com os pais em um esforço instintivo de aceitação. Um bom exemplo é a história sobre um amigo que é médico; ele é o ginecologista que fez o parto da minha neta. Ao longo dos anos, ele deu à luz milhares de bebês, e ele beija cada um na testa depois de nascer (a despeito de sua máscara). Certa vez, ele trouxe ao mundo um menino e o mostrou à mãe, mas ela disse: "Tira isso de mim. Nunca mais

---

*N.T.: *Talk show* norte-americano que apresenta temas polêmicos.

quero vê-lo". Meu amigo ligou para a esposa e perguntou se eles poderiam adotar o menino. Ela concordou. Com o passar do tempo, o menino se parecia mais com o médico do que seus filhos biológicos.

Esse é o tipo de interação humana que faz com que uma mãe instintivamente queira cuidar de um bebê. Um bom exemplo desse tipo de comportamento nas mulheres foi quando minhas filhas tiveram seus filhos. Eu deixava que elas cuidassem deles no trabalho, e todas as outras mulheres do escritório assumiam a responsabilidade de cuidar dos bebês também. E a energia entre as mulheres no escritório ficou muito mais suave.

Para citar um cenário diferente, quando um divórcio acontece, a pessoa que fica em casa com os filhos se adapta às mudanças em seu ambiente e trocam de papéis. Se o pai for embora, a mãe se adaptará e se tornará a provedora, assumindo o papel de pai, e um dos filhos mais velhos assumirá o papel de mãe.

Pode ser muito difícil para os filhos quando os pais começam a encontrar outras pessoas após o divórcio. Uma criança preenche um vazio na família quando é necessário, então, por exemplo, quando uma mãe solteira conhece um novo homem, seu filho naturalmente se tornará hostil em relação a ele, já que o homem está interferindo em seu território. Isso pode ser um desafio para a mãe, e é a raiz de muitos conflitos entre padrastos e meninos. Um padrasto geralmente aceita as meninas com mais facilidade do que os meninos, já que os machos estarão em competição.

O que acho um desafio é quando as mães se recusam a compartilhar seus filhos com o padrasto. Em muitos casos, elas não querem compartilhar o amor que a criança tem por elas com mais ninguém. Nessa situação, se as crenças da mãe forem alteradas para que ela possa compartilhar o amor do filho com o padrasto, a dinâmica familiar pode mudar. O trabalho de crença deve ser a primeira coisa que você faz ao trazer outro parceiro para a composição familiar.

Se um padrasto tem filhos de um relacionamento passado, ele pode favorecer seus próprios filhos em detrimento daqueles do novo relacionamento, enquanto uma madrasta geralmente aceita todos os filhos. Acredito que as mães que não aceitam filhos não têm os receptores de feromônio que as outras mulheres têm.

Seja qual for a dinâmica de uma nova família, ela pode ser alterada usando *downloads:*

- Para o homem: "Posso aceitar o filho de outra pessoa como meu".
- Para a mãe: "Sei como compartilhar meus filhos com outra pessoa".
- Para a criança: "Eu sei como aceitar essa pessoa como um pai adicional".

Capítulo 12

Recuperar Relacionamentos ou Seguir em Frente

Quando duas pessoas se casam, a paixão e o romance estão presentes no relacionamento, mas com o tempo uma das partes pode esquecer de fazer a outra se sentir especial, e as mulheres em particular querem que essas coisas aconteçam espontaneamente. Já vi muitos homens que se esqueceram de manter o romance, mas o casamento é uma via de mão dupla; muitas vezes as mulheres não percebem que os homens não funcionam dessa maneira e precisam ser informados de que precisam ser românticos.

Frequentemente, tenho visto mulheres que sentiam que os maridos eram suas almas gêmeas quando se casaram, mas com o tempo começaram a perceber que algo faltava no relacionamento. Elas querem um cavaleiro de armadura brilhante para arrastá-las pelos pés em uma névoa roxa de romance e paixão! Tudo o mais no relacionamento pode estar funcionando bem, e pode ter levado anos para o homem se tornar o que elas querem, mas agora elas desejam se livrar deles. Então, depois de um tempo de terem se divorciado, percebem que sentem muita falta dos maridos.

Seu cavaleiro não se materializa; ela chega à conclusão de que seu ex-marido era sua alma gêmea.

Muitas pessoas se divorciam ou deixam um relacionamento duradouro antes do que deveriam. É somente quando elas terminam ou se divorciam que lembram de quanto amam a outra pessoa, e daí provavelmente essa pessoa seguiu em frente.

Recuperar um relacionamento vale a pena, porque relacionamentos duradouros, casamento e família são importantes, assim como os sentimentos e a energia que duas pessoas criam entre si.

No entanto, você não pode recuperar esses sentimentos sozinho. Se um de vocês quer manter o relacionamento e a outra pessoa não, isso torna a recuperação muito difícil.

Criando Listas

Quando um relacionamento precisa de reparos, criamos listas em nossa mente de coisas das quais não gostamos na outra pessoa.

Então, a primeira coisa que sugiro como exercício é escrever tudo de que você gosta e o que ama na pessoa com quem está se relacionando. Isso vai ajudá-lo a lembrar de todas as razões pelas quais você se apaixonou no começo. Esse ato vai levá-lo de volta ao início, quando seu amor era fresco e novo.

Uma vez que você tenha se lembrado de todos esses sentimentos positivos, sugiro que os amplie um pouco e então, talvez, possa recuperar o amor que perdeu.

O trabalho de crença é o próximo passo que sugiro para casais em um relacionamento difícil. Quando o curso de alma gêmea surgiu, recuperou muitos casamentos e relacionamentos porque deu aos casais uma forma de reparar seus sentimentos por meio do trabalho de crenças.

Rompendo

Nem todo relacionamento de alma gêmea funciona. Em virtude de muitos fatores, um dos parceiros pode deixar de amar a outra pessoa. Quando isso acontece, ele não quer mais estar com ela e as coisas não conseguem ser recuperadas.

A vida é feita de escolhas. Se você deseja romper com seu relacionamento atual, isso é entre você e Deus. Pergunte a Deus se seu relacionamento poderia (ou deveria) ser salvo e como.

Manter linhas de comunicação abertas com a pessoa é muito importante. Você pode estar com sua alma gêmea compatível e não saber. Isso pode ocorrer porque você não se comunica com ela.

Porém, se achar que esse relacionamento não pode ser salvo, é nesse ponto que você deve decidir pedir uma nova alma gêmea.

Além disso, quando você está terminando com alguém, é melhor se abster de sexo com a pessoa por pelo menos três ou quatro semanas para que não tenha uma conexão tão profunda um com o outro.

A conexão sexual é uma das razões pelas quais as pessoas têm tanta dificuldade de terminar. Quando nos envolvemos romanticamente com alguém, nossa energia espiritual se integra a essa pessoa até certo ponto. Como vimos, quando fazemos sexo, trocamos DNA tanto de natureza física quanto espiritual, e isso dura pelo menos sete anos. Esse DNA espiritual é um dos motivos pelas quais muitos de nós acham difícil romper com uma pessoa, embora tenhamos diferenças irreconciliáveis com ela. Precisamos pegar de volta os fragmentos de alma que demos aos parceiros, mas o corpo só pode aceitar alguns de cada vez, então esses fragmentos de alma só podem voltar para nós em camadas.

Recuperando Fragmentos de Alma de Relacionamentos Passados

Este exercício vai fazer coisas incríveis para sua força espiritual. Você ainda pensa em um amor passado, de dez anos atrás? Você pode estar carregando um fragmento de alma dessa pessoa ainda. Para liberar e substituir fragmentos de alma de uma pessoa em particular, faça o comando para que todos os fragmentos de alma que foram trocados entre vocês sejam lavados, limpos e devolvidos a ambas as partes.

Se você está atualmente em um relacionamento feliz com alguém e pretende ficar junto, não é necessário chamar de volta os fragmentos de alma que vocês dois trocaram.

Se você decidir receber de volta seus fragmentos de alma que estavam com um antigo parceiro ou cônjuge, não se surpreenda se ele ligar para você do nada na tentativa de restabelecer uma conexão. Muitas das pessoas que fizeram nossa primeira aula de almas gêmeas restabeleceram sua conexão com seus namorados de infância e se casaram com eles.

Aqui estão dois processos para recuperar fragmentos de alma em geral. Um é para fazer o processo em outra pessoa e o outro, para fazer o processo em si mesmo.

1. Concentre-se em seu coração e visualize-se descendo para a mãe Terra, que é uma parte de Tudo O Que É.

2. Suba através do seu chacra coronário em uma bola de luz e projete sua consciência além das estrelas para o universo.
3. Vá além do universo, além das camadas de luz, através da luz dourada, além da substância gelatinosa que são as leis, para uma luz branca perolada e iridescente, o sétimo Plano de Existência.
4. Faça o comando e peça:

Para outra pessoa: "Criador de Tudo O Que É, é comandado ou pedido que todos os fragmentos de alma de todas as gerações de tempo, eternidade e entre tempos de (nome do indivíduo) sejam liberados, limpos e devolvidos a ele(a). Gratidão! Está feito, está feito, está feito".

Para si mesmo: "Criador de Tudo O Que É, é comandado ou pedido que todos os fragmentos da minha alma de todas as gerações do tempo, eternidade e entre tempos sejam liberados, purificados e devolvidos a mim, (fale o seu nome).
Gratidão! Está feito. Está feito. Está feito".

5. Testemunhe os fragmentos sendo devolvidos.
6. Assim que o processo terminar, enxágue-se com a energia do Sétimo Plano e fique conectado a ela.

Divórcio

Eu, pessoalmente, sou muito grata pela instituição do divórcio, porque ela me permitiu deixar relacionamentos que obviamente não iam dar certo. Já tinha me divorciado três vezes antes de conhecer Guy.

Tenho de admitir, era um pouco ingênua sobre relacionamentos quando era mais jovem. Descobri que os dois primeiros homens com quem casei eram incompatíveis comigo e o terceiro era bastante peculiar! Eu deveria ter saído com esses homens por muito mais tempo antes de me casar e, se tivesse feito isso, é provável que eu visse que não éramos compatíveis.

Nos Estados Unidos, muitos casais se divorciam, principalmente porque percebem que estão com o parceiro errado. Mas às vezes as pessoas se divorciam do parceiro certo porque não querem passar por dificuldades para chegar a um ponto em que se dão bem.

Muitas pessoas percebem que seu ex-marido ou ex-esposa era na verdade sua alma gêmea depois que elas terminaram seus relacionamentos, porque estavam procurando por sua alma gêmea, em vez de trabalhar em seu próprio relacionamento.

Esse tem sido o caso de várias mulheres que observei ao longo dos anos. De certa forma, um divórcio é bom para aqueles que são incompatíveis e ruim para aqueles que abandonaram o barco cedo demais.

Se uma situação não pode ser recuperada, no entanto, o divórcio é inevitável. Se houver filhos do relacionamento, é importante fazer essa transição o mais suave possível para eles. O divórcio pode se tornar tão desagradável que os pais falam mal um do outro na frente dos filhos. Essa situação deve ser evitada. As crianças também merecem ver ambos os pais após o rompimento.

DIVÓRCIO ENERGÉTICO

Como liberar um compromisso que não está servindo a você:

1. Concentre-se em seu coração e visualize-se descendo para a Mãe Terra, que é uma parte de Tudo O Que É.
2. Suba através do seu chacra coronário em uma bola de luz e projete sua consciência além das estrelas para o universo.
3. Vá além do universo, além das camadas de luz, através da luz dourada, além da substância gelatinosa que são as leis, para uma luz branca perolada e iridescente, o sétimo Plano de Existência.
4. Faça o comando e solicite:

"Criador de Tudo O Que É, é comandado ou pedido que (nome da pessoa) e eu sejamos liberados do compromisso deste casamento

que já passou, da melhor e mais elevada maneira, para que eu possa encontrar minha alma gêmea. Tenho a definição correta de todas as pessoas da minha vida e de Deus. Gratidão!
Está feito, está feito, está feito".
5. Testemunhe a energia do vínculo sendo enviada para a luz do Criador.
6. Assim que o processo terminar, enxágue-se com a energia do Sétimo Plano e permaneça conectado a ela.

Por favor, entenda que nada do que discuti com você é imutável. Você pode mudar sua realidade para que seja possível tornar a pessoa com quem está atualmente sua alma gêmea. Essas informações não são uma licença para romper seu relacionamento atual. Você pode estar com sua alma gêmea e nem saber!

Seja qual for sua situação, aqui está minha oração da alma gêmea:
Criador de Tudo O Que É,
Tudo o que posso e serei, hoje, a meu pedido, dou como
oração a você.
Rezo para que eu encontre minha pessoa, aquela que é para mim.
Aquela que pode se juntar a mim,
E permitir-me ser livre.
Rezo para que essa pessoa seja a única. Aquela que faz meu coração se sentir grande,
Para se tornar um comigo.
Rezo para que Você ouça minha súplica e eu possa encontrar a pessoa certa para mim.
Sobre as águas e sobre o mar, sei que existe a pessoa certa para mim. Rezo para que eu a encontre logo,
E ela vai me encontrar.
Então vamos viver nossas vidas
Juntos como um.

Com o conhecimento de que estar com outro pode não ser fácil,
Com o conhecimento de que estar com outro pode ser um desafio,

Isso é apenas o que me enche de alegria.
Rezo para que eu encontre alguém para compartilhar minha vida,
Para assistir ao pôr do sol, e rir, e brincar comigo.
Para crescermos juntos até a velhice,
Até chegar a hora de partir,
Rezo para partirmos juntos para um plano superior.
Este amor verdadeiro, eu mereço,
Com este pedido, oro agora, para que em breve eu seja atendido.

Espero ter ajudado você em sua jornada para uma alma gêmea compatível. Boa sorte!

Recursos

ThetaHealing é uma modalidade de cura energética fundada por Vianna Stibal, com sede na cidade de Bigfork em Montana, nos Estados Unidos, com instrutores certificados em todo o mundo. Os cursos e os livros de ThetaHealing são planejados como guias terapêuticos de autoajuda, para desenvolver a capacidade da mente de se curar. O ThetaHealing inclui os seguintes cursos e livros:

Cursos ministrados por Vianna e instrutores certificados ThetaHealing

    Curso ThetaHealing® DNA Básico
    Curso ThetaHealing® DNA Avançado
    Curso ThetaHealing® Aprofundando no *Digging*
    Curso ThetaHealing® Manifestação e Abundância
    Curso ThetaHealing® Jogo da Vida
    Curso ThetaHealing® Alma Gêmea
    Curso ThetaHealing® Ritmo para um Peso Perfeito
    Curso ThetaHealing® Animal
    Curso ThetaHealing® Planta
    Curso ThetaHealing® Relações Mundiais
    Curso ThetaHealing® Laços Familiares
    Curso ThetaHealing® Você e o Criador
    Curso ThetaHealing® Você e o Seu Parceiro
    Curso ThetaHealing® Você e o Seu Círculo Íntimo
    Curso ThetaHealing® Você e a Terra
    Curso ThetaHealing® Anatomia Intuitiva

Curso ThetaHealing® Criança Arco-íris
Curso ThetaHealing® Doenças e Desordens
Curso ThetaHealing® DNA 3
Curso ThetaHealing® Planos da Existência
Curso ThetaHealing® Planos da Existência 2

Cursos de certificação de instrutores ministrados exclusivamente por Vianna e seus filhos no ThetaHealing Institute of Knowledge

Curso ThetaHealing® DNA Básico para Professores
Curso ThetaHealing® DNA Avançado para Professores
Curso ThetaHealing® Aprofundando no *Digging* para Professores
Curso ThetaHealing® Manifestação e Abundância para Professores
Curso ThetaHealing® Alma Gêmea para Professores
Curso ThetaHealing® Ritmo para um Peso Perfeito para Professores
Curso ThetaHealing® Animal para Professores
Curso ThetaHealing® Planta para Professores
Curso ThetaHealing® Relações Mundiais para Professores
Curso ThetaHealing® Você e o Criador para Professores
Curso ThetaHealing® Você e o Seu Parceiro para Professores
Curso ThetaHealing® Você e o Seu Círculo Íntimo para Professores
Curso ThetaHealing® Você e a Terra para Professores
Curso ThetaHealing® Anatomia Intuitiva para Professores
Curso ThetaHealing® Criança Arco-íris para Professores
Curso ThetaHealing® Doenças e Desordens para Professores
Curso ThetaHealing® DNA 3 para Professores
Curso ThetaHealing® Planos da Existência para Professores

LIVROS

Títulos disponíveis atualmente:*

ThetaHealing® – *Introdução a uma Extraordinária Técnica de Transformação Energética*

ThetaHealing® Avançado – *Utilizando o Poder de Tudo O Que É*

ThetaHealing® Digging – *Cavando para Encontrar Crenças*

ThetaHealing® – *Os Sete Planos da Existência*

---

*N. T.: Todos os livros em português foram publicados pela Madras Editora.

ThetaHealing® – Doenças e Desordens
ThetaHealing® – Você e o Criador
ThetaHealing® – Encontre Sua Alma Gêmea
On the Wings of Prayer

Sobre os Tradutores

André Dias Siqueira é professor, tradutor, instrutor e terapeuta de ThetaHealing. Trabalha em parceria com o Portal Healing Brasil e ministra cursos de ThetaHealing em diversos estados do país e do mundo.

Gustavo Barros é pioneiro do ThetaHealing no Brasil e instrutor certificado Master & Science (Mestrado e Ciência) em ThetaHealing pelo THInK – ThetaHealing Institute of Knowledge dos Estados Unidos.

Em 2010, na missão de trazer a formação completa ao país, foi cofundador do Instituto Portal Healing Brasil no Rio de Janeiro, onde ministra todos os cursos de formação de praticantes da técnica ThetaHealing®. Além disso, ministra cursos em diversas cidades do Brasil e do mundo. Tradutor de todos os livros *ThetaHealing* em língua portuguesa, Gustavo Barros também é coordenador dos cursos de Vianna Stibal e Joshua Stibal na formação de instrutores no Brasil.

    www.portalhealing.com.br
    info@portalhealing.com.br
    (21) 3071-5533/98494-9456

MADRAS® Editora
CADASTRO/MALA DIRETA

Envie este cadastro preenchido e passará a receber informações dos nossos lançamentos, nas áreas que determinar.

Nome _____
RG _____ CPF _____
Endereço Residencial _____
Bairro _____ Cidade _____ Estado ____
CEP _____ Fone _____
E-mail _____
Sexo ❏ Fem. ❏ Masc.   Nascimento _____
Profissão _____ Escolaridade (Nível/Curso) _____

Você compra livros:
❏ livrarias   ❏ feiras   ❏ telefone   ❏ Sedex livro (reembolso postal mais rápido)
❏ outros: _____

Quais os tipos de literatura que você lê:
❏ Jurídicos   ❏ Pedagogia   ❏ Business   ❏ Romances/espíritas
❏ Esoterismo   ❏ Psicologia   ❏ Saúde   ❏ Espíritas/doutrinas
❏ Bruxaria   ❏ Autoajuda   ❏ Maçonaria   ❏ Outros:

Qual a sua opinião a respeito desta obra? _____
_____

Indique amigos que gostariam de receber MALA DIRETA:
Nome _____
Endereço Residencial _____
Bairro _____ Cidade _____ CEP _____

Nome do livro adquirido: **_Thetahealing® Encontre Sua Alma Gêmea_**

Para receber catálogos, lista de preços e outras informações, escreva para:

MADRAS EDITORA LTDA.
Rua Paulo Gonçalves, 88 – Santana – 02403-020 – São Paulo/SP
Tel.: (11) 2281-5555 — (11) 98128-7754
www.madras.com.br

MADRAS
Editora

Para mais informações sobre a Madras Editora,
sua história no mercado editorial
e seu catálogo de títulos publicados:

Entre e cadastre-se no site:

www.madras.com.br

Para mensagens, parcerias, sugestões e dúvidas, mande-nos um e-mail:

marketing@madras.com.br

SAIBA MAIS

Saiba mais sobre nossos lançamentos,
autores e eventos seguindo-nos no facebook e twitter:

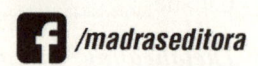

@madrased

/madraseditora